The 10
Natural Laws
of Successful Time and
Life Management

高效能人士的
时间和个人管理法则

[美] 希鲁姆·W·史密斯 著
Hyrum W. Smith

中国青年出版社
CHINA YOUTH PRESS
中青文传媒

图书在版编目(CIP)数据

高效能人士的时间和个人管理法则 /(美) 史密斯著；张万伟，魏聪译.
—北京：中国青年出版社，2013.11
ISBN 978-7-5153-1945-2
Ⅰ.①高… Ⅱ.①史… ②张… ③魏… Ⅲ.①时间－管理 Ⅳ.①C935
中国版本图书馆 CIP 数据核字（2013）第 233120号

高效能人士的时间和个人管理法则

作　　者：［美］希鲁姆 · W · 史密斯
译　　者：张万伟　魏　聪
责任编辑：周　红
美术编辑：李　甦
出　　版：中国青年出版社
发　　行：北京中青文文化传媒有限公司
电　　话：010-65518035/65516873
公司网址：www.cyb.com.cn
购书网址：zqwts.tmall.com　www.diyijie.com
印　　刷：北京诚信伟业印刷有限公司
版　　次：2013 年 11 月第 1 版
印　　次：2019 年 1 月第 9 次印刷
开　　本：880 × 1230　1/32
字　　数：180 千字
印　　张：8.5
京权图字：01-2013-1666
书　　号：ISBN 978-7-5153-1945-2
定　　价：49.00 元

目 录
Contents

第二部分·管理生活

你为什么应该读这本书

如果你没有阅读的习惯，
那么请阅读以下几页。

我常常好奇人们为什么会买我写的这类题材的书籍，也许是因为我拥有在世界各地宣讲时间管理的经历。

每次开课的时候，我都会问大家：“你们今天为什么会来？”回答通常是：“我想变得更高效”，“老板让我来的”，“我想花更多的时间在家人身上”，“我想上班时做更多的工作以便能早点回家”，“我想开心点儿工作”，“我想减压”。

无论人们怎么说，这些回答都会归结成一句话：“我来这儿是想让我和我的生活变得更好。”

人们想变得更好，是因为意识到他们的生活失控了。生活中最关键的事情常常受到最不重要事情的制约。他们参加培训的原因是，他们认为更高效的时间管理会让他们重新控制生活。的确如此，但不仅仅如此。“感觉更好”的方法不仅仅是高效的时间管理这么简单。

我最近无意中浏览了与该问题有关的一些文章和书籍。《时代周刊》近期的一篇文章中谈到我们生活在“时间匮乏”的时代。生活变得越来越忙碌，生活节奏也越来越快，我们必须飞跑才不会掉队。整个美国都感受到了这种艰难的局面。竞争激励的市场需要高效的个人生产力。如果你不高效，注定会被淘汰。这产生了空前的压力和对未来不知所措的不安全感危机。

工作对时间需求的增长也出现在我们的私人生活中。拉尔夫·凯斯在《时间锁》中生动地描述道：我们当前的状况就好像是时间在高速路上全面堵塞。我们的生活充满着“必须做”、“应该做”，更别提“我想做”。感觉我们陷入了困境，简直什么都做不了。

斯塔凡·B·琳达在其著作《被蹂躏的空闲阶级》中指出，时间被我们所拥有和所获得的东西瓜分。新购一艘船、一辆车甚至一本新书都需要花费时间——如何使用船只，保养汽车或者读完一本书也要耗费时间。每个进入我们生活的东西或者人都会说：“嘿，花点时间和我在一起。”即使这样，我们也没有找到满足感。就旧的电视广告而言，你是否是看得更多却欣赏得更少？社会中的大多数人，答案通常都回答“是”。的确，生活的快节奏和压力变得如此荒唐，以至于人们觉得无法控制生活。

每个人都想控制自己的生活，这是人类最紧迫的愿望之一。最糟糕的感觉莫过于生活失控，他人或外界因素控制我们的所作所为，犹如线上的木偶任人摆弄却无能为力。实际上，心理学家发现自杀是对控制的极端需求：“唯一能控制的便是生死。”当某人某事控制我们的生活时，我们失落低效，内心无法平静。不幸的是，由于人们认识到生活失控，所以平静、高效、幸福成为当今紧俏的三大商品。

本书不仅聚焦于时间管理，而且探讨“内心平静”——我们所追寻的成就感和幸福感。时间管理仅是一套帮助我们控制生活琐事的技巧。然而，仅靠有效的时间管理无法使我们内心平静。拉尔夫·凯斯准确地指出：“尽管时间管理的概念广为流传，但‘时间锁’变得更糟。很多时间管理理论强调短时间内做更多事情，以致时间管理的方法变成了问题。”

获得内心平静的秘密，藏于我们对核心价值观的理解。核心价值观对我们来说最重要，并且体现于我们日常生活中。换言之，除非我们能设法实现生活中最重要的核心价值观，否则再好的时间管理也毫无意义。本书就是讨论单纯的时间管理和追寻源自生活的成就感的巨大不同。确保日常生活反映核心价值观，这是个简单的概念，也正是这个简单的概念对我们的生活产生了深远影响。我将在书中详细阐述。

1992年6月3日，我和妻子家人在纽约证券交易所见证了一件我们生活中意义非凡的事情。在那天，富兰克林时间规划公司（Franklin Quest Co.）在纽交所上市。八年多前，该公司在我家地下室诞生。

那天一大早，我们来到交易所和公司其他元老们吃了一顿丰盛的早餐。然后我们来到交易大厅亲眼见证我们股票的第一次上市。

经过初步定价，每股报价确定后，我们公司的股票在纽交所掀起一阵买卖风潮。我注视着交易大屏。当报价机第一次报出16.5美元/股时，我激动不已，无法言表。在公司元老的陪同下，我伫立在忙碌的3000人中间，哭得像一个孩子。

我喜悦的泪水不是因为近来我在公司股份市值的提升，而是因为我们在短时间内遵循核心价值观的所作所为。引领我们走向成功的路程历历在目——动荡的起步，在旅店奋斗的数百个夜晚，那些相信我们的伙伴，购买我们的产品、参与培训、写信告知我们生活中烦恼的朋友们。最重要的是，我意识到公司的成功建立在遵循内心核心价值观的理论上。

早些时候，我不能确切地记得我如何产生这样的“妄想”——出于某种原因，我觉得我应该让我的生活与众不同。我曾经听过温斯顿·丘吉尔的演讲。在他的言论中，他暗示他有一个类似的“妄想”。当我敬佩温斯顿·丘吉尔对大不列颠乃至全世界的影响时，我意识到他的确是一个与众不同的人。年少时，我便想让别人的生活与众不同。这也是我的梦想。这个梦想一直驱使并激励着我。

大学毕业之后，我发现我销售能力不错。便进入了一家专注数据处理业务的国营企业，并在年轻时成为公司最大的市场销售部的副总经理。在此期间，我发现我不仅乐于销售，而且喜欢教别人如何进行成功销售。我还具有演讲激励能力，这与我想让别人的生活与众不同的“妄想”不谋而合。

1978年2月，教会问我是否愿意去加利福利亚州布道三年。基于对教会的义务和我内心影响别人的驱使，我举家搬迁到加利福利亚，和600多位全职布道志愿者们一起工作了三年。此间，我锻炼了演讲激励技能，并且意识到我最乐意做的事便是教授他人。我开始专注于教学，但我很快发现，在学术界我并不能让别人信服。如果我想实现我的教学愿望并产生影响，我应该专注于公众世界。在深思熟虑之后，我和妻子决定追寻教学之路。

这不是一个轻松的决定，尤其是前雇主在我布道结束之前几个月向我提供一份报酬丰厚的高级执行总裁的职位。虽然职位是诱人的，但我对自己说："海伦，如果教授别人是你内心所追寻的，你最好就去做。"此时，我强烈地感觉到应该去追寻内心核心价值观，所以我拒绝了这次机会，许多前同事都觉得我疯了。在那之后短短的数月里，我也曾怀疑当时的决定是对是错，但这个追寻我内心核心价值观的决定成为我人生的转折点。

1981年7月，我和妻子创立了一家小的宣讲公司，我们给它取名为"金鹰动机创业板股份有限公司（Gem,Inc. for Golden Eagle Motivation）"。以我人生的另一向往——鹰来命名。起初我们只开设了两个研讨班，一个主讲销售，另一个主讲个人提高。回顾10年前，这两个研讨班都不是很好。一年之后，我们为大众人群开设商业研讨班付出了一些代价。很幸运亲朋好友帮助我们渡过了财政危机。与此同时，我们认识到商业研讨班属于时间管理训练的范畴，公司应该专注于独立的时间管理训练。

我的老友理查德·温伍德和我们一起研究更好的方法，以便进行时间管理的教学和原则的植入。几年以前，迪克已经创造了简单且实用的，基于价值目标实现的生产力"金字塔"，这与我追寻内心价值观的想法不谋而合。我开始在研讨班上使用"金字塔"教学并初见成效。我们也认同我们的特别日程规划，而不是迎合市场的其他任何产品。

当我们认识到现在的培训公司不会追寻我们的发展思路，我和迪克·温伍德、林恩·罗宾斯、丹尼斯·韦布、葛瑞格·富勒顿一起创立了我们自己的时间管理研讨公司，即后来的富兰克林时间规划公司。因为我们都没有资金，所以创立这个公司是很勇敢的举动，不过我们坚信我们的理念并且肯定地认为这个理念会带来深远影响。

从我家地下室搬出来以后，迪克和我一起探寻公司的发展方向和经营理念。林恩·罗宾斯和丹尼斯·韦布致力于创造并完善我们自己的日程规划工具，即富兰克林日程规划。我们将其视为本杰明·富兰克林设计的时间规划与提高成就的当代浓缩精华。我们开始教授生产力“金字塔”以及如何利用富兰克林日程规划去帮助人们将日常生活和核心价值观融合在一起。我们让人们按计划执行21天，然后告诉我们在他们的生活中起了怎样的作用。当许多学员说他们的生活发生了翻天覆地的变化时，我们确信我们应该在正确的轨道上加倍努力。

近来，我们幸运地发现一些大公司的客户，美林、花旗银行、芝加哥北方信托银行都认可我们的工作，并再次向我们发出邀请。一年之内，我们举行了很多很多次研讨会，并且开始聘请更多的顾问进行销售和授课。

从此以后，我们这家小公司迅速成长，每月仅参加现场研讨会的学员就有两万多人。全世界有200多万人在使用富兰克林日程规划。美国西部最大的网页新闻运营商忙于推出该计划及其相关产品。我们将富兰克林日程规划宣扬到133个国家。在美国的商业街和购物中心有超过25家零售商店出售该规划。几百个客户服务代理商在我们一年两期的邮寄目录上刊登免费电话。富兰克林时间规划公司仅在盐湖城地区雇佣了超过1000名员工，更不用说国内外的代表处和零售点。1993年富兰克林时间规划公司的总收入将超过一亿六千万美元。

对我而言，最兴奋的是我们对那些参加研讨会，发现富兰克林时间管理系统魔力的人们的影响。1985年1月，我在陶氏化学公司举办了第一场研讨会。截至目前，我已为他们公司培训了超过两万五千名的白领，同时专门研发了适用于他们公司的富兰克林日程规划。陶氏企业的培训现在主要是采用我为他们量身定做的教学视频。

陶氏在过去4年里做了两项研究，目的是量化富兰克林咨询培训和日程规划对公司的影响程度。第一份研究4年前已经完成，第二份研究去年开始执行。两份研究都表明公司超过90%的化学家和工程师仍然在使用日程规划并且平均生产力提升超过25%。

现在有三万多家公司和政府机构参加我们的训练，并且使用富兰克林日程规划。我也在170多个城市举办讲座，教授小企业的员工和公众。我们自己的调查表明，参加我们课程的学员，超过90%在随后两三年内仍然使用他们的日程规划。为什么呢？因为训练和工具都使他们受益。他们能够体验到我们所谈到的内心平静，也知道能控制心境是多么棒的一件事。

当我伫立在纽交所，这些回忆涌入我的脑海。我认识到梦想成真。我们正在带来巨大的影响。上市仅仅是一个开端，它带来的资金支持让我们能影响并改变越来越多的人。

我们将继续我们的事业，将为所有愿意聆听的人带去改变。我们已经走向国际化，在伦敦、东京、香港、台湾、加拿大、墨西哥、澳大利亚设立了代表处。我们采用简单易懂的训练和易被大家接受的工具，快速而谨慎地传递如何控制内心世界的方法。

我将用亲身经历来讲解自然法则讨论的潜能问题。多年以前，美林公司一位主管参加了在新泽西普林斯顿的研讨会。作为高级培训的一部分，美林公司会给参与培训满一年的人员提供股份。一年之后，这位主管完成了整个课程，他写了一封长达4页的信。时至今日，我还记忆犹新。信中他提到："海勒姆，我于一年前参加了普林斯顿的研讨会。那时，我才认识到，我的日常活动应该基于我的核心价值观。

我觉得这个想法很棒，对我来说也很重要。在反省的过程中，我认识到我的核心价值观之一便是给我儿子创造美好的生活。当我幡然醒悟，意识到我没能为儿子做任何事情的时候，我决定要让我的儿子拥有一个美好的生活。”

然后他描述了几件他和儿子一起完成的趣事。但是，在信中第三页，他提到：“海勒姆，上周我8岁的儿子死于车祸，我痛心疾首。我想告诉你我没有愧疚感。从第一次参加课程开始，我便认识到你所讲的内心平静的概念。”在信的结尾，他说道：“海勒姆，谢谢你。”

我不能一开始就告诉你这封信的影响，也不能告诉你很多人喜欢听我讲这封信的事。这位先生做了他认为很重要的事。他做了该做的事，然后又经历了惨痛的损失。当我们失去所爱，我们通常会自责，但是他不必。通常我们反思那些我们本应该做、本能够做的事和不好的情绪。因为我们总是迫切地专注于我们认为很重要的事，这些事后来被证明一点儿都不重要。

我认为追寻内心平静和幸福是地球上每一个人的生活愿望，最终目标是自我感觉不错。我们总想起床后便精神抖擞，我们想控制我们力所能及的事。令人高兴的是，这些不仅是可能而且是可以做到的。你将在本书中发现具体的方法。

为什么富兰克林时间管理系统和富兰克林日程规划如此成功？因为他们有效果。只需36小时，参加我们的课程、读完这本书和掌握你所学的，你的控制力将明显增强。我邀请你读这本书并且执行本书所描述的“21天计划”。你将见证自我控制并体验意义非凡的内心平静。

纽交所的经历已过去好几个月，但我永远不会忘记。我的家人也不会忘记。对我而言，拒绝大公司高管职位，建立自己的公司，坚持核心价值观，是我做的一个正确的决定。富兰克林时间规划公司影响着成千上万的人，这也是几个人坚持他们自身价值观的结果。

不会因为我认为本书对你们有帮助，就让你们读这本书并应用十大自然法则，而是因为我知道这将帮助你们实现自控和内心平静。我亲身证明了这一点。我知道那种不一般的感觉——清早起床便确切知道自己要做什么，我能陪伴家人是因为我完成了自己的工作。我让我的工作、家庭和爱好井然有序。我知道可以拒绝是什么样的感觉。我知道睡觉时知道当天我完成重要的事是什么样的感觉。虽然我不能把所有的事都完成，但是我完成了对我来说最重要的事。那感觉真好。

读这本书，完成“21天计划”。写信给我分享你的所获所感。我将与你交流，发现内心平静的魔力。

什么是自然法则

1992年3月14日我骑着一匹新买的马。它受过专门训练，非常有灵气，充满了活力，是牧场主专门训练的领头马。在牧群行动时，一匹训练有素的领头马可以自己判断并行动，而不用等待骑马人的指示。

我很快发现，当没有牛在时，我的新马也会自己行动。作为一个非养马专家，我很惊奇马有时候突然行动而我却没有察觉。事实上，马把我摔下来的动作非常快以至于我感觉自己像一块石头掉了下去。虽然只有五英尺高，但是我的左肩猛地着地。摔坏了锁骨和五根肋骨，其中一根肋骨碎成三块。我疼得要死，有20分钟不能动弹。当我躺在地上屏住呼吸时，小声抱怨“地心引力真的存在”。现在，我也许不明白为什么地心引力存在，但我确定明白它是怎么作用的，因为我亲身体验了。

虽然我们不是很了解宇宙中的自然法则，但却知道它们的确存在。我们几乎都接触过它们，也深知如果我们不关注不认真对待它们，后果将不堪设想。例如，如果我们忽视地心引力或者小看它，它就会对我们产生严重的影响。如果建造飞机而不懂、不会应用航空力学，我们将承担严重的后果。如果我们不考虑相关的自然规律而建造大坝，灾难便会降临。因为自然规律是相互关联的。

当我几年前在纽约花旗银行讲课时，我问学员们“什么是自然法则”。多数人都常常会说：“万有引力。”

“万有引力是自然法则中的一个例子，”我回答道，“但是你怎么定义自然法则？”

一位男士举手说道：“自然法则是不能废除的法则。”我越思考越觉得他给了一个多么美好的定义。

我们可以聚在一起投票反对万有引力，但是这不会产生任何影响。如果我们站在高楼边缘，纵身跳下以藐视万有引力，我们会被摔得血肉模糊。万有引力将会获胜，面对自然法则我们无能为力。我们不能消除它，不能忽视它，否则必食恶果。

确信我们理解了“自然法则”这个词

在渐入佳境之前，你需要明白我所谈论的自然法则。就我看来，自然法则就是自然生命的基本模型。它们已被人们经历和测试过且结果证明是有效的。它们描述事物的本身，而不是像我们认为或者希望的那样。不管我们同意与否，这些法则控制我们的生活并独立于我们的意识和愿望。理解并合理利用它们，我们便可以安全成功地活着。

如果忽视或者反抗，我们将会失败，并陷入困境。

无论我们是否能认识到它们，自然法则一直存在。自然法则控制物质世界，从人类诞生之初便影响着我们。由于我们认识到了这些自然法则，所以要为我们的自然需求寻找合理、有创造性的方案。

大坝建在河边，有雨季储水、旱季放水发电、抗旱防洪和其他用途。这些大坝都是精心设计的。在设计和建造大坝时，工程师们都要考虑到自然法则。例如，水如何流动，水压，地面结构，如何将压力转给河岸以及混凝土硬度。如果在修建大坝时完全遵循了这些自然法则，它便会实现自身的功能。如果在设计及修建大坝时，忽视了自然法则，大坝可能会倒塌，后果不堪设想。

类似的，我们能够让波音747载人在空中翱翔，是因为我们明白航空力学这一自然法则。我们能将美妙的交响乐转换成数字代码，将代码存入巴掌大小的光盘，然后利用激光和电脑技术将代码转换成原声，我们才可以在卧室里聆听动听的交响乐而不是杂乱无章的噪音。因为我们明白特定的自然法则。

我们对特定自然法则的共同认知是令人印象深刻的。然而，我们对同样是法则的个人认知却通常了解得比较肤浅。例如，你不会听信我在你家附近河流上游建一个大坝，我不是工程师，我也不懂相关的自然法则。我既不能设计一架飞机（纸飞机除外），也不能造一台CD机。事实上，我对控制物质世界的自然法则的理解仅限于万有引力。在内心和人类交流层面也有自然法则。因为它们已对我们的生活产生了重大影响，所以我能很好理解其中一些并与你们分享。这些法则可以帮助我们管理生活、提升人际关系、增长个人生产力和体验内心平静。

现在你也许会问，“自然法则和管理我们的生活有什么关系呢？

它们和生产力、幸福和内心平静又有怎样的联系？”那么，就我们通常讨论的自然法则而言，就像万有引力和遗传学。人类行为也有自然法则，如果我们忽视它，生活便会一塌糊涂。相反，只要我们明白这些行为自然法则并遵循它们去生活，就会明显地提升个人生产力和幸福。如果我们忽视或者违背，那么生活便会经历痛楚和不快，犹如不遵循万有引力，我们会受伤甚至死亡。这些自然法则有连续的可预知后果。无论我们是否认识到，它们都存在。即使我们没有同意或者意识到，它们也会深深地影响着我们。

如今，我们对自身的周遭世界无能为力。这是一个繁忙的世界，也许会越来越忙。我们对提升个人生产力和时间的需求不会因为我们希望它减退而减退。我们可以对外界的压力做许多回应，我们可以超乎想象地控制我们的生活，秘诀是我们理解并应用特定的自然法则。

本书的自然法则特指影响个人生产力和自我实现的自然法则。我只选取了适用于我们的十条自然法则。第一部分的五条法则将帮助你更好地管理时间。第二部分的五条法则将帮你管理生活。

第一部分 管理时间

第一条：掌握生活大小事——通过掌握时间而掌握生活。

第二条：确立核心价值——核心价值是自我实现和个人成就的基础。

第三条：排定优先顺序——当日常生活反映了你的核心价值时，你就能体验发自内心的平静。

第四条：设定明确可行的目标——为达成重要目标，必须远离安逸区。

第五条：规划每日工作——每日规划做得好，时间宽裕效率高。

第二部分 管理生活

第六条：检视行为与信仰一致——行为是真实信念的反射。

第七条：改变行为以符合要求——当信念与事实相符时，需求就自然得到满足。

第八条：重开信仰之窗——改变错误想法，克服负面行为。

第九条：以个人价值为依据——自尊必须发自内心。

第十条：在奉献中成就自我——付出愈多，收获愈大。

以上十条自然法则非常有效，已经经过我和数万人的检测。如果你应用他们，你将实现内心平静或许还将得到生活中最好的礼物。

第一部分

管理时间

Managing Your Time

“如果某一天我有时间，我要去……”你说过多少次这样类似的话？想让生活井然有序，让生活琐事有条不紊地进行，做我们最想做的事，这些是我们一直在追寻的，所以时间管理是企业培训最常见的课程。“时间管理”和“如何让生活有条理”这样的课程在美国乃至全世界颇受欢迎。

多数时间管理培训的弊端是只关注做事效率。没有人思考“我为什么要这样做？”“我真的应该这么做？”或者“我想这么做？”除非你能连续完成对你来说有意义的事情，否则更有条理的生活会占据大量时间，让你疲惫不堪。

当我们学习关于时间管理的前五条自然法则时，你会发现我们讨论的核心是，帮你确定你想做的而不是机械地将你所做的事排序。除非你所做的事基于你的核心价值观，否则你不会做到内心平静。

YOU CONTROL YOUR LIFE
BY CONTROLLING YOUR TIME

法则 1 掌握生活大小事

通过掌握时间而掌握生活

如果我在街上拦住你问："请问现在几点了？"你会怎么回答？你可能会看一眼手表，然后说："2点45分，"或者类似的回答。但是如果我同样在街上拦住你，以不同的语序问同样的问题："时间，几点了？"你可能会觉得我疯了。在美国我们不会在大街上问人们哲学问题。

几点了？你怎样定义它？

圣·奥古斯丁曾经回答这样的问题。他说："什么是时间？谁能够轻松简洁地解释它？当我们谈及这个概念，我们能很好地理解它。那么，什么是时间？没人问时，我知道答案，但是如果我们试图清楚地向别人解释时，我不知道。"机敏的奥古斯丁显然没能解决这个问题。

几个世纪以来，哲学家和智者们试图解释时间。牛顿说时间独立存在。莱布尼兹的观点恰好与牛顿的相反，他说："时间是事件发生的顺序，不独立存在。"爱因斯坦追寻莱布尼兹的观点，认为："时间不会独立于事件顺序，我们通过事件来测量时间。"他说，火车不是晚上7点到达车站，而是在那时时针刚好指到7。

根据字典的解释，"时间是事件从过去到现在并发展到将来的连续。"

时间的本质是事件。一切都是独立的事件。读书是一件事，早上起床是一件事，开车是一件事，上班是一件事。时间便是这些事情有序地发生。

我在纽约为美林高管们做时间管理的培训时，有一位学员这样定义时间："时间是完成的事紧接着另一件完成的事。"时间是事件的连续。本杰明·富兰克林说："你爱自己的生命吗？那么就不要浪费时间，因为时间是构成生命的原料。"如果这是真的，那么控制生活意味着控制时间，控制时间意味着控制生活中的事件。

学会控制事件

你是否听过别人说："我的生活已经失控？"有时我会对着

镜子说："哥们儿，你已失控了！"实际上是说："我不能控制构成我生活的事件，我做的是别人认为我应该做的事。"生活失控是可怕的。

提出一个非同寻常的、直接与控制相关的问题。谁能完全控制职场中的事？我曾经这样问通用公司的200位员工。一位男士站起来说："妈妈们。"在场的83位女士不赞同。

一些专家给出的答案是交响乐指挥家。你脑中会浮现交响乐指挥家怎样的画面呢？祖斌·梅塔或跟他一样的人，站起来举起指挥棒，紧接着呢？管弦乐队回应指挥信号，每次指挥棒移动，乐队也随之改变。多么精彩的控制！你生活是那样的吧？如果我们能像那样控制生活中的事件，感觉很棒吧？

现在哪些人对生活的期望最少？也许是管弦乐队成员。他们生活在回应的世界里，他们紧跟指挥家的指挥棒消耗光阴。但问题是我们能控制多少？

下面的图表展示了我所谓的控制连续。

图表右边是我们完全控制的事件，左边代表我们完全失控的事件，在这之间的是部分控制的事件。哪些事件是你不能控制的呢？日出、疾病、台风、死亡、老板、股市、超级碗（美国国家美式足球）……你会讶异有如此多我们不能控制的事件。

重要的不是这些我们生活中不能控制的事件，而是我们如何回应。通常最实际的回答是适应、接受它、顺应它。那些我们不能控制的事件反抗是毫无意义的。唯一的选择是永久地接受。

我经常让学员去描述他们内心的感觉，当他们面对不能控制的事件时。答案大同小异：沮丧、压力、生气、害怕。这对自尊心是一种打击。失控的确感觉不好。

也许你喜欢滑雪。对我而言，滑雪就是失控的体验。我在夏威夷岛长大，很少滑雪。1982年我搬到盐湖城。在那里居住3年以后，我和妻子决定去滑雪以便我们能够和邻居有话可聊。我们去帕克城的滑雪区滑雪，排长队等着坐滑雪缆车。为什么呢？因为每个人都会坐这种缆车。我没有这方面的经验。在半山腰的时候我发现另一边的缆车空着下山。因为缆车没有停靠，我十分困惑。我问妻子："大家怎么从缆车里出去？"我很快发现人们是从缆车里滑出去。我希望我能记录下我第一次从这种缆车跳出去的情形，这是完全失控的情形。实际上我经历了上述的所有沮丧、压力，还有疼痛。相信我，失控的感觉一点儿也不好。

然而，也有我们能完全控制的事。想一想。你可以控制什么？许多事都可以控制。例如，何时起床、穿什么、回应别人的方式、吃什么。这些事件关注的焦点是谁？是你！你能完全控制你自己，其他的事都是部分控制或者失控。

把生活中不同的事列一张清单，然后根据你的控制程度分别标记1-5分（5分代表完全控制，1分代表失控）。比如下表：

事件	控制程度
起床时间	5
吃什么	4
穿什么（考虑公司着装要求）	3
上班路程	2
会见老板	1
会见下属	4
午餐时间和午餐伙伴	3
如何回应我不关心的同事	5
回家的交通情况	1
今晚做什么	5
明晚做什么	1

虽然你的清单也许完全不同，但是请你记下你生活中典型的事件，然后研究清单并问问自己：“我能多大程度地控制我的生

活？”即使你控制的时间很少，本书涉及的技能和工具将帮助你控制更多的事情。

当控制你能控制的事时，你用什么样的词语描述自己的感觉？你也许会觉得自信、高兴、振奋、强大甚至是惊喜。但是有个词语能概括我们以上的感觉：内心平静。什么是内心平静？内心平静是指合适的控制会让我们感觉到生活中的安静、平衡和和谐。

所以，时间管理的目的是内心平静。但是在我们继续学习前，你需要停止思考时间管理，开始思考事件控制。通常我们认为时间管理跟我们的手表有关，然而手表只能告诉我们太阳划过天空花了多长时间。这是一件我们不能控制的事。真正的问题是：我们能控制什么事？关注事件控制会带来与众不同的影响。

什么是你真正能控制的

我们不能控制事件的部分原因在于个人原因，大多数人总是做不到本能够做到的。我从我的搭档迪克·温伍德那里听来的故事，可以很好地解释这一点。有一次，他带着他的女儿去参观马戏团，迪克惊讶地发现每只大象只是被一根细绳拴在铁桩上，每根细绳都绑在地上的一根粗绳子上。其中任意一头大象都能够轻而易举地穿过高速公路跑到商业街区。迪克好奇为什么这些聪明而有好奇心的动物不要自由。

后来，他做了一些调查发现了为什么大象有能力逃跑却乖乖呆在那里的原因。他了解到在这些大象小的时候，他们被铁链绑住，拴在无法移动的铁桩上。经过数周为自由的挣扎，大约3~4周的时间，大象慢慢习惯性地认为：当它们右后腿被拴住时，它们不能自由移动。从那时起，它们已经习惯这种束缚了，用一根细绳绑住它们，它们也不会移动。马戏团的大象不逃走是因为它们认为它们不能，它们意识里的铁栓强于任何铁链或者绳子。

虽然我们不是大象，但我们无意识地习惯相信我们生活中某些特定的事。如果我们想控制生活获得内心平静，我们需要消除这种习惯带来的两种影响。以下便是这两种影响：

我们认为自己能控制我们实际上并不能控制的事件。我们浪费时间去抱怨天气，试图控制支配配偶、员工或者孩子。

相反地，**我们认为我们并不能控制我们本能够控制的事**。例如，多数人认为它们受困于自己不喜欢的职业，实际上这通常是他们自愿的选择。

一些事情本身超出我们的控制能力，但出于某些原因，我们却觉得能够控制它们。在近期的课程里，我让学员举出一件我们不能控制的事。一位男子回答说：“妻子。”没错。通常我们不能控制他人和他们的行为。如果你试图控制别人，你很可能锒铛入狱。你可以影响他们的行为，但不可能控制他们。

能控制孩子吗？我们也许认为孩子在未成年时，我们控制着他们。当他们出生时，我们几乎完全控制着他们。虽然那时我们不能控制关于他们的事，但是他们完全依赖我们，我们能控制他们很多方面。随着他们慢慢长大，他们慢慢地进入“失控”的模式。当他们成为青少年时，他们几乎脱离我们的“控制”，我们希望当他们成人时能够完全独立于我们的控制。我们成功地将这种培养模式一代代传扬下去。

既然我们终究不能控制我们自己的孩子，我们又怎么能期望控制那些没有如此亲密关系的人呢？我们也许认为我们或多或少能影响他们的行为举止，但他们终究不受我们控制。

相反地，有些事件我们真的能够控制，我们却觉得我们不能控制。比如说，你待在曼哈顿的万豪马奎斯酒店，而我在肯尼迪国际机场给你打电话。我说：“听着，如果你在4点半赶到德尔塔来见我，我将给你50万美元。”你一看现在是3点45，你有45分钟的时间赶到那儿。你肯定认为不可能。即使抄近道，从肯尼迪机场，我打车最快也需要一个半小时到达那儿。你也许认为你不能控制这件事，你不可能得到50万美元。请等等！我们说的可是50万美元！50万美元可以让你做出不同寻常的选择。你可以电话咨询万豪马奎斯的接线员。“你们提供直升机机位吗？”你问，“不，”

接线员告知你，“但是11个街区以外的泛美大厦有。”“很好”你说。“现在，仔细听着。如果你能尽快接通直升机服务，我便给你1000美元。”接线员得到了她的1000美元，接着你急切地告诉她，“听着，如果你能推掉其他乘客，半小时内把我送到肯尼迪机场，我将给你五万美元。”经过协商，我们可以在约定时间之前赶到德尔塔终点。重点在于，如果我们有足够大的需求，我们便能控制我们通常不能控制的事。唯一的不同是，我们控制它们的需求。

我在火奴鲁鲁长大。11岁时，我决定游过位于瓦胡岛南端的哈瑞玛海湾。海湾非常漂亮，宽达1.25英里，水深约80英尺。我到那儿后，便潜入水中开始游。那天水浪很大，我看不到对面。半途我开始下沉。当你下沉的时候，你会觉得挺好玩的。在我快体力不支时，我看见10英尺外的帆，我游去对面的需求迅速上升。我们讨论的是我们认为不能控制那些我们真的能控制的事，然而事实往往是，我们轻而易举地就放弃我们本能够做的事。

生产力三元方程

心理学家纳撒尼尔·布兰登在其著作《自尊心理学》中指出自尊和高效工作的关系。本质上说，布兰登指出自我感觉越好，生产力会越高；你越高效，你的感觉会更好。布兰登的结论对我来说还不够完美。如果我们引入第三个因素事件控制便成了我们所谓的“生产力三元方程”。该图如下 ：

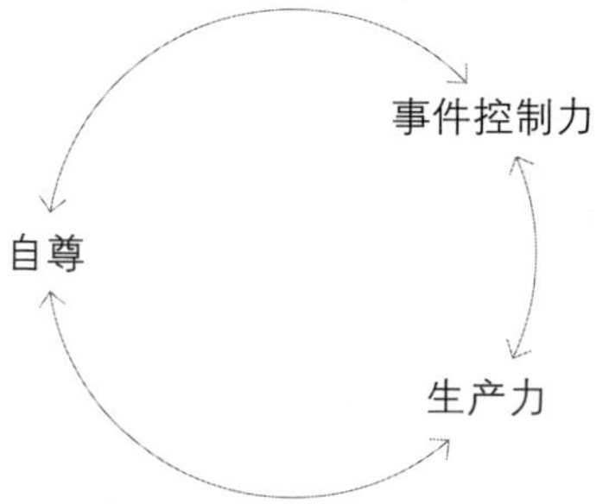

暂时回想一下你的八年级代数。当方程左边减少，方程右边怎样变化才能保持平衡呢？答案是减少同样的数量。在我们的三元循环方程中又是怎样运行的呢？自尊下降，生产力会怎样？会下降。同样，生产力下降，事件控制力下降。相反也成立 ：自尊提升，生产力和事件控制力也提升。该方程中最容易改变的是事件控制力。如果能更好地控制生活中的事件，我将更高效有序，将更多的时间花在有意义的事情上。自然而然，自我价值实现也会提升。

有人说我们自身没有固有的价值，其实我们的确有。我想说的是，如果更好地控制生活中的事件，我的自我感觉会更好。当我能控制对我来说意义非凡的事，我感觉特别棒。紧记那些我们想控制的、意义非凡的事，需要考虑以下问题 ：

1. 在你的生活中，你的当务之急是什么？

2. 在这些当务之急中，你最重视的是什么？

在接下来的几章，我们将定义并优先解释我们生活中最重要的当务之急。如果我们想真正经历内心平静，这些事对我们来说是重要的而且是必须的。

不仅这两个问题的答案重要，我们怎么做也同样重要。第一个问题是关于定义我们内心的核心价值观。这些是对我们来说最重要，我们将在下一章节中着重讨论。第二个问题关于顺序，因为一些优先事件明显重于别的。一旦我们定义最重要的事，问题就变成：我们会怎样去做这些事？我们如何控制最要紧的事？

两种时间谬论

我们已经认识到控制生活意味着控制我们的时间，控制我们的时间意味着控制我们生活中的事件。为什么完成那些对我们来说最重要的事情会那么困难？为什么我们总是不能完成那些真正重要的事？对于这个困境有几种可能的回答。其中的一种回答是我们不明智的接受了两种时间谬论，这让我们不能高效地处理生活中的事件。

第一种谬论是我们认为在将来我们会有比现在更多的时间，“我下周、下月、明年去做那件事，或许等孩子长大、退休时去做那件事。”第二种谬论是我们认为无论怎样，我们可以节约时间。

事实上，时间一直在那儿。你一天只有24个小时，你经历了每一秒。你每天有86,400秒，不多不少，你不能把他们节约下来以后再用。也就是说，当你告诉别人你没有时间时，你讲的不是事实。你跟别人拥有同样的时间。

如果你今天给我打电话说："海勒姆，我想邀请你今晚与我共进晚餐，"我回答说，"不好意思，我很想与你共进晚餐，但是我没有时间。"我一定在撒谎。我真实的意思是："我有其他比跟你一起吃晚饭更重要的事。"你为什么不直接说出来，而是习惯性地说"我没有时间"？直接说："我有其他比跟你一起吃晚饭更重要的事，所以我不去！"这会显得不太友好。

通常，我们不明白当我们跟别人说我没有时间干某事时，我们真正想表达的意思。他们也不明白，所以他们通常不会觉得被得罪了。但是我们是不是经常骗自己说服自己说我们没有时间干某事呢？是不是经常以没有时间为借口拒绝做许多重要的事？我真正想说的是，与跟孩子玩耍、和邻居交流、写我们一直准备写的书相比，我们让看电视，玩字谜变得更重要了。

下一章我们将着重讨论价值、当务之急和如何定义那些最重要的事。就现在而言，我们只需找出那些很重要而我们却一直没做的事。我们时间有限，它好像偷偷溜走，又像有人将其偷走。

时间强盗

你是否注意到最重要的事通常都会被次要的事排挤？每个人每件事似乎一直都在与我们作对，阻止我们实现梦想。未知的事通常吸引我们的注意力，使我们迷茫并分心于重要的事，这些事控制了我们，我们的生产力和自尊就会下降。因为这些事使我们偏离自己想做的，而且代价惨重。

你知道机会成本吗？假设我给你面值为100的1万美元，并要求你在午夜前花掉它。午夜时，我会到你家门口要回你没花完的钱。你会把钱留到午夜？当然不会。之前是随便你怎么花，现在我要求你把钱花在衣服上。你决定不把钱花在其他什么上。所以衣服的机会成本就是那些你本来要花钱买而没买的东西。

时间就像金钱。当你决定花一小时看电视时，你同时决定不花这时间去做其他事情。

如果某人成功进入你的账户并偷走了钱，你会恼怒。然而，类似的罪犯溜进他们的生活偷走时间，他们眼都不会眨一下。

下面的“时间强盗”名单虽然不够详尽，但是可能会帮助你阻止那些可能偷走你最宝贵时间的因素。我特意将它们分成了两组。第一组源自你的工作环境，第二组通常源自自身。

时间强盗

第一组：外因	第二组：内因
______干扰	______事必躬亲
______等候答复	______态度差
______工作内容模糊	______个人无秩序
______不必要的会议	______缺乏注意力
______工作量大	______不会聆听
______缺乏交流	______犹豫不决
______改变优先权	______社交
______设备问题	______疲劳
______无组织的领导	______自律能力弱
______繁文缛节	______不及时完成任务
______事务优先冲突	______文件排序
______公司士气低	______拖沓
______未训练的员工	______户外活动
______同事对你的需求	______杂乱的工作场所
______缺少授权	______个人目标不明确
______各办公室间交流	______完美主义
______他人之错	______缺乏计划
______重订最后期限	______全神贯注
______会议	______过多尝试

不是所有的因素都是可以避免的，比如无法控制的会议和缺少授权。它们在我们毫无知觉的情况下，便溜进我们的生活并偷走时间。时间突然流逝，我们却不知道花在什么上了。我们会说这些“时间强盗”的机会成本非常之高，尤其在事件控制、个人生产力和自尊方面。

当你读以上清单时，找出给你最大麻烦的时间强盗。把它们分十个等级排列出来，仔细思考何如消灭这十大“扒手”。

你可能想知道你和其他人的清单有何不同，我让每个学员都列出他们最大的“时间强盗”。这些学员来自不同的阶层，不同的行业。最普遍的五项是：

1. 干扰。

2. 拖沓。

3. 改变优先级。

4. 缺乏计划。

5. 等待答复。

这五个中的三个属于外因，二个属于内因。糟糕的是这五个因素是我们多数人的习惯行为。除非你能找出重要的原因并制定一个消灭它们的计划。否则，今后这些“强盗”会以同样的方式一如既往地浪费我们的时间。谨记这些，我会给你一些消除它们的建议。

干扰

意外来访或者电话犹如一把切肉刀插入优先任务。当被干扰时，我们内心会反抗它占据我们的时间。

当被问及应对干扰的方法时，多数人会列出一个长长的单子，包括逃避、无视、减少干扰时间。他们认为应对干扰如同躲避某人一样。虽然一些干扰是不必的、不当的甚至恼人的，但其他的干扰也是有必要的。对我们多数人来说，如果我们连续两天没有一个干扰，我们就不会有工作。真正的问题是："我们如何区分优先的干扰和次要的干扰？" 干扰大致分为以下三类：

1. 不必要的打扰包括突然到访和意外电话。他们错误的认为你关心、需要这些信息，或者对某事负有责任。如果以上三条都不正确，那么这不必要的干扰就是浪费时间。要避免这种干扰或者尽快结束。

2. 必要的干扰是那些你关心、需要这些信息并且你对某事确实有责任。必要的干扰有其自身的价值，你应该立刻处理它，除非时间不合适。

3. 不合时宜的干扰是必要的，只是它出现在不方便、不合适的时间。你应该把它们规划到一个更合适的时间。

快速判断干扰类型的有效工具是"开门见山的问题"。这些问题仅仅是为了弄清干扰的要点："卡罗尔，很高兴见到你，我能怎样帮你""什么风把您吹来了""我能为你做些什么"等。

当一个人打扰你，他们绝不会直接告诉你打扰的类型，所以你需要开门见山地问。本质上说，你是变被动为主动，成为"打扰"的人。其中隐藏的意思是快速地证明他们的打扰。他们会回答你他们的需求或者问题，你可以立刻估计必要的优先和时间去回应他们并做出相应的举动。让我详细说明一下。

珍妮特坐在办公桌前忙着今天下午需要完成的紧迫且重要的工作。突然电话响了。她接了电话，另一端是其他部门的同事。

"珍妮特，我是汤姆。你感觉怎么样？"

"很好，汤姆。我能为你做点什么？"

"上周午餐时，你说想讨论一下我们部门间协调活动的方案。我现在刚好有一个小时的时间，我想我们刚好能碰面。"

"汤姆，我们的确需要碰面，但我现在正忙着完成快到期的工作。我们能约明天下午2点吗？"

"我明天下午2点有空，那我们明天到时见。"

"好的，到时见。"

这段对话以我们常见的方式开始。珍妮特的问题让汤姆直接进入主题，那时便能判断打扰的类型（不合时宜）和做出相应的回答（重新计划）。

对于那些经常交流的人，可以通过设计“一问一答”的对话来避免干扰。这样做，你便可以阻止来自他们的干扰，除非这事紧急重要。

当然，并不是所有的干扰都是不好的。有时干扰比你正在做的事还要重要，有时机遇在毫无征兆的情况下来敲门，也许会不合时宜。如果你知道如何应对干扰，相应地正视他们，你便会很好地抓住机遇并为你所用。

拖沓

干扰是“外因”时间强盗最常见的形式，拖沓是“内因”时间强盗最常见的（多数人公认的）形式。对一些人而言，拖沓很常见，“今天事明天做”；对另一些人而言，拖沓犹如唠叨的岳母，每周末都来却不停止。

在富兰克林咨询有限公司，我们将**拖沓分为两种基本的类型：**

清晰型——这类人头脑清醒，知道自己的所作所为。

模糊型——这类人完全不知自己的行为。

清晰型拖沓最容易识别并找出对策。模糊型拖沓稍显困难，我们必须先弄清我们的行为。另外，拖沓的机会成本高。“推迟它”可能比其他相关的时间管理问题更让人痛心。机遇同样敲响了拖沓者的门，只不过无人应答。

我们为什么要拖沓？换句话说，我们为什么通常让至关重要的事排在无关紧要的事之后？可能最普遍的原因是某项特定的重任让人不愉快。一些人很讨厌平衡收入支出以及安排充实的生活，例如，填写每月清单、缴税、结识新朋友、发言讲话、答复邮件、倒垃圾、看牙医、做锻炼等。高效、成功、健康通常需要我们离开“安逸区”。对于不愉快的任务，我们通常会推迟。但是，如果我们推迟它们，让事件控制我们，我们的效率会降低，从而自尊心也降低。避免这种降低趋势的唯一途径是控制我们生活中的事件，即便它们有些令人不愉快。

以下是一些克服拖沓的建议：

◎ 设立最后期限，这会带来本没有的紧迫感。

◎ 先做最不愉快的事，这样做你便会期待更舒适的任务并每日获得成就感。

◎ 将任务游戏化，有效地将无味的任务变得有趣。

◎ 设立奖励，刺激你快速完成任务。

我们拖沓的另一个原因是我们看起来不能胜任一些任务。虽然我们通常喜欢花费时间接受有趣的任务，但是我们如果听取亨利·福特的建议“世上并没有什么难事，只要我们将其细化”，我们便能更好地胜任艰难的任务。

其他重要任务拖沓的原因：过度劳累、缺少信息、目标模糊、畏惧失败、缺少时间、总体混乱，或者因为冷漠，毫不关心事情是否完成。如果我们能明白拖沓的原因，便能更好地对症下药。无视这些原因，拖沓便成为致命的时间强盗。克服拖沓的最佳方法是对拖沓之事产生紧迫感。

改变优先级

与其他时间强盗相比，改变优先级能给工作场所制造更多的混乱。在这样的地方工作，更像置身于“每周危机俱乐部”。改变优先级通常发生在工作流程非常快的地方。努力去快速应对问题和机遇，管理人员把工作的中心在“前线”和“后方”之间来回转换。只要转换和开始是有意义有目的，对一些人而言，就会非常兴奋。如果看不到目的，人们便会感觉被呼来唤去。尤其是当人们没能解决本周危机便陷入了一个新的危机时，就会出现这种情况。

改变优先级的影响在科学试验中得到了验证。科学家进行了这样的研究。试验中，老鼠适应了特定的噪音、气味和程序，老鼠会产生食欲。一旦老鼠了解到程序开始，无论什么时候，它们都能得到食物。这是健康快乐老鼠的实验结果。一旦老鼠达到快乐的状态，科学家便开始改变规则（改变优先权）。现在，老鼠意识到遵循平常的程序不能得到期望的结果。当它们了解新的程序，规则会再次改变，老鼠们不得不重新适应。经历几次这样的改变，老鼠之间开始急躁不安，互相讨厌。接着，它们极度沮丧，坐着什么也不做，甚至死去。

我们不是老鼠，我们的工作环境也没有被极端地操控。然而，这里有一些有趣的相似之处。如果你非常沮丧，但是我却建议你咨询你的经理。你在这儿所追寻的是理解和怎样最好地适应环境和高效。选择真的很简单！你可以溜走（请假、换工作、坐着发呆、甚至死亡）或者跟随（学会识时务并享受）。回想我们讨论的控制连续——完全控制、完全失控、介于两者之间。在改变优先级的工作场所中，你可能不能控制什么，最有效的回应是顺应或者适应。

缺乏计划

俗语说："如果你疏于计划，那么你计划失败。"缺乏计划很明显是属于时间强盗的内因，显而易见的解决方法是——周密计划。然而，缺乏计划的征兆源自你的工作环境和不了解控制重要计划的好处。

例如，有一份无限压力的工作，每项任务都要求你事必躬亲，你便可能有这样的态度——"从哪一项开始会有所不同？"而且，如果出于种种原因，工作环境高度复杂，那么制定计划反而会适得其反。我们通常会觉得："不值得做计划，我做好本职工作即可。"

如果你真的想练习一些控制方法和体验内心平静，以上情形不会有让你有满足感，事实上，这种无计划的行为也是站不住脚的。这就是为什么我在课堂上花大量时间并在本书中重点探讨：计划和计划次序的过程、计划和实施计划的原则重要性。如果缺乏计划是你主要的时间强盗，我强烈建议你特别关注本书中的自然法则4和5。

等待答复

"好东西属于那些耐心等待的人。"对我而言却不是，我讨厌等待。然而，等待答复是常见的时间强盗——每个人或多或少一直经历着它，它属于外因——意味着你缺少控制方法。所以，适应或者顺应是必要的回应。

然而，在等待别人给予答复方面，我发现我们可以控制得更多，但是我们却没有。如果我的任务至关重要，我需要不计代价地打破常规去得到我所需的答案。以下是我行之有效的方法：

1. 主动给你期望的人打电话，并且解释你的当务之急和问题。向你能寻求帮助的人或地方求助。

2. 遵循最重要的，在每个关键点强调需求和渴望的结果。思考你能做些什么来改善处境。

3. 如果涉及超过你自身管理水平的事，向你的经理寻求帮助。优先解决这个问题直到问题被解决或者你陷入无法避免的困境。

4. 当可以得到答复、信息时，确保人们能第一时间联系到你。

如果你发现无能为力时，那么将精力移向下一个最重要的问题或者任务，下一个顺其自然也会变得很重要。

已经详尽阐述了5个主要的时间强盗，那么请允许我对其他的时间强盗做简单的说明。这些问题是全世界主管们的通病。

首先，我们讨论第一组，强加于我们的时间强盗：

工作内容模糊：在这种情况下，我们不知道我们被期望做些什么，就像在高速路上减速进入雾区。你为什么减速慢行？因为你看不到。当雾慢慢散去，视野清晰，你便会加速。唯一改变的是什么？清晰度。工作中，如果你不明白你的处境和方向，你的效率便会降低。定义你的工作是谁的责任？如果你自己不能，那么你需要坐下来和你的主管谈一谈弄清你的责任。直到你完成这些，否则大量的时间会被浪费。

不必要的会议：在美国，每天大约举行1100万次会议，大多数会议太长而且没必要。我们如何解决这个问题？如果你召集会议，你需要明确会议的目的，制定会议议程，确保合适的人出席会议。如果有人不必出席会议，那么让他们去做更有效的事。如果你受邀参加某人的会议，你应该询问你自己出席的目的和必要性，也许你不必参加该会议。

工作量大：另一种说法是超负荷。你知道普林索尔载重线吗？1880年，英国的萨缪尔·普林索尔解决了超重船只在深海里沉没的问题，他在议会提出议案，要求在英国船只的船舷上画上一条线。当载重船只下水并触及这条线时，该船只不再允许装载更多的货物。这条线就是众所周知的普林索尔载重线。人类也有普林索尔载重线，虽然它是无形的，但它的确存在。有时我们只能说：“不要惹麻烦。”有时我们不得不说不。如果你恰当地计划每一天，你就必须学会拒绝。为了给紧迫的任务留出适宜的时间，一些任务会被重新设计，另一些会被重新评估。对一些没意义的任务，要学会说不。

缺乏交流：当我们沟通不好时，我们失去了数不清的小时、日、周甚至是年。通常，我们回忆时会觉得记忆犹新。如果你清楚地知道所期待的，你便可以和参与并帮助完成任务的人进行沟通，这样会节约大量的时间。如果你不能准确地传达给他人所期待的，那么大量时间将会被浪费。

设备问题：我能有什么办法？谁曾经等过坏了的电脑？这存在两个问题：（1）预防性保养维修，确保电脑不会坏掉。（2）建立一套标准的维修程序维修问题设备或者快速有效的后备设备，以便时间不因为设备问题而损耗。因为设备问题会使每年损失数百万美元。

无组织的老板：一个有组织的员工为一个无组织的主管工作是让人极其郁闷的，沟通再次成为此类问题的关键。在工作期望和时间允许下，确保你的主管理解你在做什么。随着时间推移，你的领导也会潜移默化地变得有条理。

繁文缛节：随着越来越多的公司和政府机构的出现，繁文缛节的问题成了一个真正的问题。我们该如何应对？（1）认清它存在的事实。（2）主动积极，不让繁文缛节挡道。如果你发现有繁文缛节，那么就应该计划解决它。我们总有办法解决繁文缛节的问题。

优先权冲突：当主管和员工之间未能就所给任务的优先权达成一致，将会出现大麻烦。明确达成一致的优先权，并试图努力去明确我们即将遇到的优先权。

公司声誉低：此类情况源自个人或集体的缺乏自尊，不明确期望和义务、不守承诺。有很多这样的案例。解决方案是确保每个人每日都有成功感。集体需要它。集体中的个体需要它。怎样做？做你所必须做的来增加产出。看看每一天出现的成功。

未训练的员工：如果你是老板，培训那些你觉得需要培训的员工，去做。

同事以及员工需求：这又是一个提高拒绝能力的时间强盗。如果你合适地计划了你的一天，当你完成计划时，你会感觉相当舒心。当大量的需求来自同事和员工时，你需要让他们知道他们的要求不合时宜。如果这成了一个危机，那么某一天，你可以做一个决定统一去拒绝所有你选择的问题。如果你计划恰当，这种事情便很少发生。

缺少授权：对所有经理和主管而言，这是令人沮丧的问题。这个问题通常又回到缺乏沟通。当你收到一项任务，确保你有清晰的思路，确保你的主管理解你完成任务所需要的授权。为了开始一项任务，你认为你有足够的授权去完成，随后发现实际上没有，那么这是极其令人沮丧和痛苦的。所以要事先达成一致，确保你的授权没有问题。

办公时间交流：人们在办公时间走动、参观、闲聊，这是一片其乐融融的景象。回头看看我们所讨论的问题，貌似对工作没什么用处，所以最好不要让这种事情发生。

他人之错：这事常发生。我们不得不与他人工作，忍受他人的错误。坚持将错误以肯定、有建设性的方式公开地讨论。随着时间推移，错误会被慢慢改正。

重订最后期限：取决于你在机构中的位置，关于这点也许你不能做太多。如果没有最后期限，你完全可以灵活一点。如果有，请明确指出。

现在，我们将给出一些有关内因时间抢强盗的看法：

事必躬亲：当你乘坐满载的汽车，你最希望谁来开车？如果你跟大多数人一样，那么答案是你自己。为什么？因为在你看来，没有人比你开得更好更安全了。这种态度影响我们所做的一切。“我必须自己做，否则事情会事倍功半。”实际上，如果你放手让别人去做，你将轻松许多，而且别人也许跟你做得一样好，甚至会更好。

态度差：态度差是致命的，它会降低你的效率。我们怎样改变自己的态度呢？依我之见，沟通是关键。通常人们不知道他们自己的态度差。如果你自身态度差，我希望你身边的人们可以鼓起勇气让你知道你是问题的一部分，而不是解决方法的一部分。本书第二部分，我将更多地讨论如何获得关于自己的信仰，它们如何影响着我们的行为以及如何改变这些信仰和态度。

个体混乱：如果你做一件事花别人两倍的时间，这是给你的一个暗示。整本书都在讲提高规划能力，这是日常计划的关键所在：弄清事情本身，整理程序，遵循你的计划。

缺乏注意力：每个人都有或多或少的注意力不集中问题。在第五章中，我将描述一种时间管理工具，它会让事情很难偷偷溜走。不要依赖你的记忆力去记一件事、一个时间或者一个约定。

只要把它写下来，建立无瑕疵的后续跟进，这个问题便会解决。

不善于聆听：有许多关于聆听技巧的书籍，一两句话来解决这个问题是很荒诞的。然而，确保提升聆听能力会加速沟通和理解，同时节约大量时间。

犹豫不决：让你犹豫不决的原因，通常是你对要努力解决的问题和任务没有掌握足够的信息。有时犹豫不决是因为：做决定是冒险的，并且我们不喜欢失败。尽可能收集你能得到的信息，权衡相关的优劣点，尽可能做出最好的决定。高效的人知道偶尔的错误强于犹豫不决。

社交：我曾经收到过加利福利亚州一位主管的来信，信中说他发现他每周有9小时的工作时间用于社交。9小时也是一天的工作时长。我不是说所有的社交都是无益的，因为通常有用的信息都是通过社交传播。不过，每周可能有数小时的工作时间却是浪费在低效的社交上了。

疲劳：在我在做销售管理时，我告诉我的销售人员他们的身体状况直接影响他们的销售额。他们中大多数人不相信。身体好、睡眠充足、饮食规律的确会有很大的魔力。因为疲劳会使效率降低。

缺乏自律：我的一位同事在他的桌子上贴了一张小名牌：做，做好，马上做。我们需要每天的成功感。当我们完成每天的任务时，我们的自我价值便会提高。当我们不能完成每天的任务时，我们的自尊会降低，同时还会影响到生活的其他方面。因此，我们要努力去完成每天的任务。

不及时完成任务：这通常是由于不能识别优先任务的价值造成的，是需要解决的时间强盗。如果你适当地使用本书的概念和方法，这不会是一个问题。富兰克林日程规划的时间管理工具是很棒的，它确保任务不会被遗漏。同时，它也会帮助你授权，确保为你工作的人不会让未完成的任务遗留。

文件排序：将文件排序就像将任务排序一样，可以将其分为极其重要的、重要的和琐碎的。我在办公桌旁边书柜的三个不同抽屉里放了A、B、C三种文件。告诉你的员工按照你的指示存放文件，一个好的秘书能够用心做这些事。优先处理A类事情。如果你有时间，再处理B类和C类。通常你会发现C类抽屉是空的。

户外活动：在假期，可能每个人都有兴趣进行户外活动。除了兴趣和爱好，这也是很好的机会让我们居住的社区、州和国家变得更好。然而，我们必须确保这些活动不会消耗我们的思想和产出时间，不会损害我们的工作（当然，如果你已经退休或者你不工作也有足够的金钱，那么你可以花大量的时间在户外活动上）。花更多时间在适宜的活动上的方法是将每天的任务和事件进行排序。我一天能完成这些最重要的事件和任务吗？

杂乱的工作场所：我们每个人都有自己对办公桌或工作场所清洁的看法，从某种程度上说，这取决于个人的喜好，但是如果不能及时处理文件和信息，我们的效率会降低。我的朋友迪克·温伍德建议将最重要和常用的文件放在身边，其他的则放得远一点。将这个想法和文件排序结合到一起。将办公桌上和抽屉里的无组织的文件整理出来放到你前面的办公桌里。当你整理这些文件时，将其分为A（极其重要）B（重要）C（一般）D（无价值）。把ABC三类文件放到之前分好的类别里，把D类直接丢进垃圾桶。把C类放到抽屉或者书柜的底端抽屉，把B类标为“重要”放到容易拿到的位置，把A类文件标为“极其重要”放到经常打开，最为方便的位置。小提示：不要把装文件的袋子放在桌子上，不然你会试图一直关注它。你应该把它放到新文件容易加进去的文件柜里，同时它不会分散你的注意力。谨记，如果你想将办公室的东西摆放得井然有序，你需要花一些心思。

模糊的个人目标：在本书关于该模块的介绍中，你将学习如何建立个人生产力金字塔。只有你花时间构建你的生产力金字塔，你才知道你的方向，你为什么和怎样实现你的目标。确保你理解了本书中的概念，构建你自己的生产力金字塔，你会看到它所蕴含的能量。

完美主义：“完美主义疾病”可以抹杀效率。我们想事尽完美，然而往往会感到无所适从。如果你有工作，那么就开始尽最大的努力去做吧。接着再去做下一个。

全神贯注：白日做梦是无可厚非的时间杀手。当我们白日做梦时，我们缺少专注。当我们不能计划好每一天，对我们将经历的时间感觉糟糕时，我们便会坐下来做白日梦。白日做梦没有一点儿好处，除非你有精密的计划腾出半小时或者一小时把脚放在桌子上思考。

过多尝试：这不是英雄时刻，我们陷入困境，认为我们能做的比我们实际上做得多。为了避免这种情况，我们必须做好计划，制定固定的月计划、周计划、日计划。如果你建立了合适的生产力金字塔，恰当地将所有的事进行排序，你会发现你对你一天所能完成的任务的看法会更加现实。

本书所描述的多数自然法则、概念和方法会帮助你消除或者控制这些时间强盗。希望我描述的这些，能让你感到你可以控制更多的时间强盗，超过你自身认为的。

“紧迫”不代表“至关重要”

我们需要弄清紧迫的任务和至关重要的任务的区别。紧迫任务是指需要立即关注的事件，它经常像“嘿，这件事需要马上做”这样。紧迫事件是什么？就常见的电话而言。每次电话响起，它所传达的是“快接电话、快接电话、快接电话”。你不会随便拿起电话接听，除非它在响。铃声所表达的是“我需要立即被处理”。但是所有的电话都十分重要吗？一天可能有一两个是十分重要的，其他大多数都不是那么重要的。你想要感觉一天都有能量吗？让电话响起来吧。

紧迫不是优先权，不过它们影响优先权。例如，假设我们在大学，这是本学期第一天。你是学生，我是教授。我举起书说：“听着，如果你想在我的课上取得好成绩，你必须熟读这本书。为什么？因为期末试题全部出自本书。”作为一个大学生，你会今晚出去买那本书便开始阅读吗？不会的，除非你很特别。那本书什么时候变得紧迫？考试前一晚。那本书一学期都不是很重要，直到它变的紧迫，否则它会一直躺在那里睡大觉。

让我问你两个启发性问题吧。第一个，一个父亲平均每周会花多少分钟跟他的孩子进行一对一的谈话？根据几年前的调查，答案是7分钟——一周仅7分钟！我们跟孩子一对一待在一起的时间至关重要吗？我想每个人都会认为至关重要，它很有价值。但它紧迫吗？不！为什么不呢？因为孩子会一直在那儿，我们可以随时做这件事。所以我们倾向于推迟高价值的任务，因为我们一天都在处理紧迫的任务。

第二，妻子和丈夫平均每周会花多少分钟进行一对一的谈话呢？根据研究，答案是27分钟。花时间和你的配偶交流至关重要吗？我想我们都赞同，认为它很重要。但是它紧急吗？不！为什么不？同样的回答——配偶一直在那儿。

现在，紧迫的好事是你不必担心他们。他们就在那儿。几年前我在纽约的花旗银行讲课，我问了这样一个问题："你们中有多少人想读更多的书？"房间里每个人都举手了。"好！"我说，"你们显然知道读书的价值，但是你们却没去做。你们为什么不去做呢？"没有人敢说他没有时间，对吧？我们先排除这个借口，现场一片寂静。最后，最后一排的一位男士举手说："书不会响铃。"多么好的回答啊！因为书不会站起来说："嘿，我真的是一本好书，你为什么不读我？"它们就静静地躺在那儿，直到我们觉得紧迫，否则没有人会去动它们。

你需要明白紧迫任务和重要任务之间的巨大不同，有些任务永不会紧急，但是极其重要。秘诀是弄清至关重要的活动并赋予紧迫感，以至于你像完成本身就紧迫的任务那样完成这些活动。但是你如何把那些不紧迫的事变紧迫呢？（你怎样让书响铃？）唯一的途径是建立测量核心价值观的系统，把它们转化成日常活动。就像我们本章节所讨论的那样，更好的控制时间而不是约定成俗。在你开始计划之前，你必须弄清你生命中真正最重要的事。那是我们在自然法则2中，也就是下一章所关注的。

YOUR GOVERNING VALUES ARE
THE foundation of personal fulfillment

法则 2 确立核心价值

核心价值是自我实现和个人成就的基础

当本杰明·富兰克林21岁时，他逃离波士顿残酷的学徒工生活，一度居住在费城。他萌生了一个大胆而难于实现的想法：正德以修身。从本质上讲，他问自己：“我生命中最重要的是什么？”在反省期间，他提出了“十二种美德”——他的核心价值观。不要质疑他脑中的美德，他定义了每一个并记录下来。以下便是“十二种美德”：

节制：食不至腻，饮不至醉。

安静：言之有物，利己益人；勿闲言碎语。

有序：物品有其位，工作有其时。

果断：当做之事当机立断；决定之事绝不怠慢。

节俭：不铺张不浪费；于己于人，行善为先。

勤奋：黄金时，要珍惜；有所做，有所为。

真诚：于人不加害之；思想单纯公正，言语有根有据。

公正：勿错怪他人，逃避责任。

适度：过犹不及，忍一时之痛。

整洁：不以貌取人，须宽容为怀。

镇静：不为琐事所扰；不为意外所惊。

纯洁：无非健身延嗣之序，不可纵欲过度，危及身心名节。

富兰克林将“十二种美德”拿给他教友会的朋友并征求建议。他的朋友告知富兰克林他忘了一条：谦逊。“他友善地提醒了我，”本杰明说，“我为人傲慢，谈吐骄傲。在讨论任何问题时，总是自以为是，蛮横无礼。他用实例说服了我。”所以富兰克林增加了第十三个美德——谦逊。他简单阐述了这对他的意义：效仿耶稣及苏格拉底。他把他的生命分为13个周期，每个周期他都专注于一项道德，并用道德规范他的行为。

72岁时，他在回忆录中写到“总体而言，我没有到达我所追求的完美，但我经历了一个更好更幸福的人生”。他评价唯一合格的是谦逊（这不是他最初的“十二种美德”之一）。就谦逊而言，富兰克林特别公正地说“我不会吹嘘获该美德在成功中有多重要，但我很高兴能够认识它”。

本杰明·富兰克林弄清他的核心价值观以后，便努力应用于生活，根据这些价值观，统计自己的收入支出。这是我们接下来几章将要讨论的方法。

第一步当然是确定核心价值观。

我们每个人都根据自身独特的核心价值体系生活。这些价值观是人的核心思想，是你最重要的部分。因为他们包含这些特点和信仰——像诚实和爱以及更高的信仰，这些是构建人格的基石，也许你不能解释它们为什么如此重要，然而它们就是那么重要。其他的价值观，像金钱欲望、影响他人、追求大目标等驱使我们去努力实现它们。无论你有什么样特别的核心价值观，它们都可以通过回答这样的问题而体现出来：你生命中最重要的是什么？你最重视的是什么？

跨越I梁

我不是努力向你推销一系列的价值观，那是不合适也是没必要的。你已经有你自己的价值观，但拥有价值观和认清价值观是两码事。反思你的生活和面对实际的价值观，也许是生活中最困难的事之一。事实上，我建议人们花5到7个小时来分析他们的价值观和目标，这是至关重要的举动。

为了使你能开始这项进程，让我介绍一个场景，这出自詹姆斯·纽曼的《松开你的刹车》（*Release Your Brakes*）一书，它会帮你直入内心发现价值观所在。

假设我到你家里拜访，我随身带来了120英尺长的I梁。为了避免你不知道什么是I梁，我告诉你它是用于建筑的钢梁。它看起来像大写字母I，把它翻转一下，它就变成了H梁。假设我把I梁放在你家门口的街上，所有邻居会出来看它，心想你结交了什么奇怪的朋友，但是你不在乎，因为I梁对你来说就是金钱。你可以忍受一些眼光，你不会在意别人的看法，对吗？

想象我站在I梁的一端，我让你去另一端，离我有120英尺远。你走到另一端，我从钱包里取出100美元，嚷道："你在两分钟之内从I梁的那端走到这端，并且不碰到两边，我就给你100美元。你愿意吗？回答取决于你，但我要告诉你，在我课堂上问过的学员中，只有一个人拒绝了我。我告诉他要在一分钟内完成。

现在我要稍微改变这个场景。我把I梁放到长平板货车后边，我们将开着货车去纽约，将货车停在世贸中心下边。世贸中心是全世界最高的双塔，距离地面1360英尺。我将I梁悬挂在空中，两端分别固定在双塔顶端的边缘。I梁足够长两端刚好超过12英寸。由于双塔之间的跨度，I梁会稍微弯曲。I梁本来不会弯曲，现在假设弯了一点点而且开始下雨了。但雨不大，就像有一层厚雾。

如果你去过世贸中心顶端，你知道那里常年有风，视野却非常好。假设你在一幢楼顶，我在另一幢，风速大约40英里/小时。我透过雾和风吼到“听着，如果你在两分钟内走过I梁，不是爬，要走着到达这边，我会给你100美元。”你愿意吗？如果你愿意，你将是我见到的第一个愿意为了100美元走过这根I梁的人。实际上，我发现没有人愿意为了1,000美元、10,000美元和100,000美元去做。在拒绝我之前，免税的1,000,000美元可能会让有些人有些犹豫。现在，为什么人们不愿意走过I梁去赢得这些金钱？原因很简单，比起金钱，人们更重视生命。

现在我们再次改变场景。我不再是一个好人，我绑架了你两岁的女儿，我站在我这边揪住她的头发说 :“听着，如果你不走过I梁，我就把你女儿扔下去。”你现在愿意去做吗？

当我在课堂上假设这个场景时，学员们的表情难以置信地改变。突然，他们好像明白了我所讲的。当场景变得非常个性化，个人价值观也变得清晰。我们认识到极少数事能让我们跨越I梁。我们也许是第一次明白我们多么珍视我们的生命，我们也认识到极少数比我们生命更重要的事，两岁大的女儿或者儿子就是其中之一。这就是核心价值观。“我爱我的孩子”是许多人最重要的价值观。金钱有价值，安全有价值，对孩子的爱更有价值，对孩子的爱远远超出跨过I梁去拯救他或者她的生命。这意味着你愿意拿自己的生命去为孩子冒险，意味着你活着是为了孩子。

这些练习的效果有时是令人激动的。几年以前，我讲解这个概念给一群65岁的老人。当我讲到认知核心价值观时，我像往常一样寻求帮助。依然以两岁的孩子举例。一位妇女举手，我跟她进入模拟场景。我们来到世贸中心的顶端，我说道："你也愿意为了100美元走过来吗？"

"不！"她回答道。

"你愿意为了10,000美元走过来吗？"

"不！"

"你愿意为了40,000美元走过来吗？"

"不！"

"1,000,000呢？"

"不！"

然后我像以往一样说到："我抓着你两岁的女儿在我这边，如果你不马上走过I梁，我就把你的孩子丢下去。"

这时100人中有99人的回答是——"好的，我过去。"当他们那样说的时候，我便有我的观点，我认识到了他们的核心价值观。然而这一次，面对两岁女儿的命运，这位女士没有立即回答。她呆呆地坐在那儿，一言不发。你可以想象房间内会怎样，每个人开始感觉不舒服。他们都想替她回答"当然，走过I梁，救自己的孩子。"一阵沉寂之后，她心烦地看着我说："不，我不想过去。"

所有的人都僵住了。

她觉得她应该解释一下意外的回答，所以她接着说："你要知道，我有11个孩子。如果我为了2岁的孩子死了，谁来照顾我另外10个孩子？"这使大家松了一口气。此时，每个人的眼中似乎都能看到：好的，这样或许也是对的。

我继续我的演讲，虽然我那天成功补救了我的观点，但这位女士就刚才发生的事感到绝望。她低声哭泣，没有听到我接下来的一句话。这对我俩来说，这都是一次不舒服的经历。课程结束以后，她和她的丈夫一起来找我。她说："我需要跟你分享一些东西，这是我第一次来面对这个事实。你要明白，你扔的那个两岁的孩子患有唐氏综合症，你让我认识到我没有像爱其他孩子一样爱她。这让我很绝望。"她继续说："我认为我会为其他孩子立刻走过I梁。我经历过了一段非常困难的时期来爱这个有精神问题的孩子。"

这位女士认识到了她的核心价值观。她的价值观就在她的眼皮下，她不喜欢她的发现。这是很重要的一点，像那样揭露你的价值观会使你评估它们，重新思考它们，或许改变它们中的一些。即使她没有清晰地意识到，毫无疑问她没有一视同仁地对待唐氏综合症的孩子。她有基本的价值观："我更爱我另外的10个孩子。"在我们今天揭露它之前，这一点一直处于无意识状态。毫无疑问的是，这将影响她的行为。既然她已经意识到，她就会去改变他的价值观，同时改变她的行为。

找出紧迫感

在那次经历不久之后，我在香港参加由陶氏化学公司举办的85人的演讲。在国外宣讲这个原则是有趣的，因为人们有不同的文化和道德观念。当我讲到这一点时，我现场寻求有两岁孩子的自愿者，一位来自印度新德里的男士举手了。我从在地上的I梁开始，从钱包里取出20美元说到："你愿意为20美元走过I梁吗？"他坐在那儿，深思熟虑了一会儿，说道："不，我不愿意。"有点惊讶，我加到100美元，他仍然拒绝。我加到1,000美元、10,000美元，他还是不愿意走过I梁，不管加到多少钱。我说："好吧，显然我选错了人。请告诉我你为什么不为了钱走过I梁。"他说："我不想为了钱而做什么事。"

我挑选了另一位来自中国大陆的男士，模拟他在世贸中心的场景，我抓着他两岁的孩子，看着那位来自印度的男士。他看着我，听着我讲的，觉得难以置信。当我问中国男子他是否会为了两岁的孩子走过I梁时，他立刻回答"当然，我会。"然后我转向印度男子问他："你现在愿意了吗？"他立即回答说："愿意。"

我盯着他一会儿说："有趣吧。你不会为了钱走过在地面上的I梁却会为了你的孩子走过悬在1360英尺高空的I梁。你明白我试图阐述的观点吗？”他在85人面前情不自禁地抽泣道：“我明白你所说的。”屋内每个人都很振奋。

当人们弄清对他们在乎的事情时，他们的内心会发生变化。他们以不同的眼光看待日常活动。他们开始询问不舒适的问题：“我每天做的对我来说真的有意义吗？”

这就是优先权的体现。I梁的例子帮助人们清除脑中的杂念，关注真正最重要的。当他们意识到某种价值观对他们来说多么重要时，他们会突然经历一种前所未有的紧迫感。那些一直重要的活动现在变得既重要又紧迫，当这发生时，行为也会发生变化。

1983年我们建立富兰克林时间规划公司不久以后，我在佐治亚的亚特兰大开设了一堂公开课，我希望借此打开6家公司的大门。每个公司派了10人出席。这是一堂为期两天的课程，第一天主讲核心价值观。结束时每个人都很兴奋，除了一位男士外。所有人都离开以后，这位男士径直走到中间过道，他气得脸发白。他在离我四英尺的地方停下，手放在衣兜里说道：“海勒姆，我花265美元是来参加时间管理课程的，不是让你给我灌输信仰的。”虽然我知道他为什么恼怒，但是我惊讶他的反应。我看着他的眼睛说道：“冷静。不要做出一些让你后悔的事，先回家，问问你自己有什么值得你走过I梁的事。如果没有，明天不要来了，我退钱给你。“他说：“好的。”然后夺门而出。

这是一次糟糕的经历，那晚我始终睡不着。第二天早上7:30我就到了会场，早到了一个小时。我在前边准备幻灯片，这位男士提前45分钟来了。他看都没看径直走过中间通道坐在第一排。他坐下时弄出了响声，所以我转身看了看。他坐在那儿怒视着我，我呆住了。

我说：“早上好。”

“该死的！”他答道。

“你有什么问题吗？”我问道。

“我有值得走过I梁的东西。”

我说：“是，我不管你有怎样的背景，每个人都有核心价值观。”

然后他放松了下来，说出一些我永生难忘的话。“海勒姆，你知道吗？”他说，“我没有做任何关于我的价值观的事。”

他是可口可乐公司的一位高级副总裁，在亚特兰大工作。他发现了生命中最重要的事情，但他却从来没有重视过它们。在课程开始前我们谈了30分钟，课后，我们又谈了一个小时。通过这两次谈话，我了解到他正处于离婚风波中，律师也参与其中。后来，我知道他离开课堂时写下了他的核心价值观。他约妻子见面，律师在隔壁房间等着。他向他的妻子展示了自己的核心价值观，她被感动了。那次见面后，她也写下了她的价值观清单。他们第二次见面时重归于好。通过比较，他们发现彼此的价值观差不多。现在我要强调一点——两个人的核心价值观不会一样。

不要惊讶他们重归于好。在他的职业生涯中，在他的生活中，他第一次控制了对他真正重要的事件。我的观点是每个人都有核心价值观，这些价值观对个人而言都是唯一的。他们来自我们被抚养的方式，来自我们的经历，来自我们的兴趣、天赋和独特的性格。这就是为什么我不会建议你应该有什么样的价值观的原因所在。我所做的是帮助你们发现它，并用它计划你的日常活动。为了什么？为了你能内心平静。

个人宪法

美国宪法究竟是什么？你是否怀疑过？词典定义宪法为政府、州、社会、公司等必须遵循的基本法律和法则。首先，让我们弄清基本法则的概念。

美国独立战争结束以后，在1787年，来自13个州的代表齐聚一堂，决定废除《联邦及永久联合条例》。大会讨论了这个新国度的优先权和价值观。从本质上讲，这些代表们说：“我们已经走过了可怕的I梁——独立战争。我们靠什么走过它？”大会上，法则开始浮现——正义、国内稳定、正当防卫、言论自由、宗教信仰自由、新闻出版自由、法定诉讼程序、迅速审判权、选举权。

为了使法则和价值观清晰明确，经过代表们的同意，他们通过严格的程序将这些法则和价值观记录在案。这些书面法则就是我们的宪法。开头的七个字表明了是谁授权了宪法：我们，美国的人民。

你知道哪位长者跟宪法有密切关系吗？本杰明·富兰克林。他当时81岁高龄。因为他已经遵循这些法则生活了大半个世纪，所以他被选为大会代表是很合适的。他在年轻时写下了他自己的宪法——他的“十三种美德”，并一生去遵循。

我现在要求你像本杰明·富兰克林一样做事，13个州的代表也做过同样的事。我想你写下你自己的宪法，按优先顺序写下你的核心价值观并简短描述每一个价值观对你的意义。随着时间推移和你年龄的增长，你可能会修改你的宪法就像美国宪法也会与时俱进一样，但是我们基本宪法不会改变太多。这就是为什么我希望你花5到7个小时弄清你的核心价值观并用它们指导你的日常活动的原因。

坦白地说，I梁的模拟有点过火。我去世贸中心顶端看着边缘，跟自己说：“海勒姆，这儿没有什么值得你走过去的。”但是当我对自己坦诚时，我相信我的16个核心价值观的前三个会驱使我走过I梁。前三个都与家人有关。其他的虽然对我也重要，但不足让我冒生命危险。

现在我要给出实例——我的16个核心价值观的版本。请注意我对价值观的阐述和解释。我并非完美，但我明白我的价值观。这有助于建构我想成为之人，就像建筑师构想他设计完成的建筑并制成蓝图一样，我构想并实现我的核心价值观。

1. 我全心全意地热爱上帝。

从《圣经》和先知统领开始，我便寻找上帝的国度。我遵循上帝的法则以示对他的爱。我经常祈祷，为我所拥有的，传达我的感谢和爱意。我用生命表达爱，我不知疲倦地全心全意为他服务。

2. 我像爱自己一样爱邻居。

我承认接受了一个事实，在上帝眼中，男女平等。我从不去伤害别人的自身价值。在自己能力范围内，去帮助他人。慈善是我的道德准则，让它在人间传播。我不批判他人的信仰，我尊重别人的存在、想法、感觉和决定。

3. 我遵循上帝所有的戒律。

上帝的戒律由宇宙自然法则体现。我遵循自然法则，并承担其后果。我遵循戒律的两点原因：1. 上帝的要求；2. 它们起作用。

4. 我谦逊。

我谦逊，因为我们依靠上帝。我所拥有的或即将拥有的都是上帝的礼物。谦逊不是缺点。

5. 我是出色的丈夫和父亲。

我花费足够有意义的时间和我的妻子、孩子在一起，帮助他们解决精神、智力、社交、职业、身体、金钱上的问题。我用关心、尊重、友好来爱护我的妻子。我使家庭团结和睦。我让孩子们自尊，激发他们的潜能。

6. 我怀念我的父亲和母亲。

我父母给我生命，教我做人。（我父亲20多年前去世，母亲死于1992年。我确保她安详地离开人世。）

7. 我努力提高智力。

知识的多少决定人思想的深度。我每天读书，我选读每天最好的书和文章。

8. 诚实。

我对自己坦诚，对别人坦诚得先对自己坦诚。我靠良心做事，这是宇宙的黄金法则，它很有用。

9. 我演讲出色。

口头交流能力是一种礼物。我从不使用不敬的语言，我用我知道的最好的语言和语法。

10. 我保持身体健康。

我的身体是上帝赐予我装载思想的地方，如果身体不健康就不能维持核心价值观，我吃好睡好锻炼好来维持高能量。我拒绝给我身体带来贬低自身能力的东西，我无视负能量。

11. 我珍惜时间。

高自尊心的体现就是增加对时间的重视度。管理时间只是控制生活中的事件。每天独处的时候，我会评估当天的事件。在反省期间，我将时间按其价值排序。当我根据核心价值观控制我的行为时，我便获得内心平静。我和我的同事完善富兰克林日程规划来帮助我自己和别人。

12. 我经济独立。

我有稳定的收入，无论我上班与否。我的家人需要这样被照顾，他们需要衣食住行方面的保障。

13. 每日我有独处的时间。

一周6天，每天早上5-8点是神奇的3个小时，周日是2个小时。这期间，我教家人读书，日程规划，和他们一起祈祷。这是每天内心平静的开始。

14. 我改变人们的生活。

我教人们正确的法则，人们会被激励去实践应用这些法则。一旦这些法则深入人心，人们便会以某种方式控制自己去获得更好的控制和内心平静。

15. 我善于聆听。

我聆听正面的和负面的东西，权衡它们，用爱和尊重回应它们。

16. 我的生活一直井然有序。

我让生活的各个方面井然有序。我的住所干净整洁，这给生活带来宁静。我个人讲究卫生，使得生活习惯优良。

正如你所见，这是难以置信的清单。我不完美，甚至一点都不沾边。我妻子曾经看到这几段后问我："海勒姆，你什么时候能彻底实现？"除此之外，我还设立了远大的目标，因为目标直接与价值观息息相关，而我重视的事情对我来说又很重要。如果我每天睡觉之前可以完成以上的事，那么我会发现变成我梦想的样子很容易。

谨记这些我生活中的核心价值观。对你或者他人，不同的价值观会成为生命中最重要的事情。以下是一位职场母亲与我分享的她的个人宪法，以下为其核心价值观清单：

1. 我是一个耐心包容的母亲。

长期目标：高兴、放松、热爱孩子

我为孩子腾出时间，我会在周末花大量的时间跟孩子在一起。我不断提醒自己在我教育他们之前确保不会有体罚，不会把我认为不可接受的强加给他们。我无条件地爱我的孩子，即使我有时不赞同他们的行为，我也要确保他们知道我对他们的爱。我不会逼问小事以免影响我和孩子间的关系。

2. 我增长学识。

长期目标：更好的教育，更多的知识。

我敞开心扉聆听他人的言论，吸收有利于我的知识。我阅读关于我生活各方面的（工作、孩子、生活）书籍来寻求内在价值。我追寻正式教育帮助我学习和成长。我了解关于我部门和公司的一切来提高我的工作能力。

3. 慷慨大方。

长期目标：让父母的慷慨大方常驻我身上。

我记得我父母的大方，能确保我像他们一样。我随时帮助需要帮助之人，不求回报。我给我的孩子时间和爱，偶尔还会有小惊喜。

4. 我爱上帝。

长期目标：家庭宗教信仰和谐。

我感谢上帝的恩赐并无条件爱他。我给孩子讲上帝的爱，我用心证明我是一个好的基督徒。在孩子们合适的年龄，我会带他们去教堂。

5. 善待自己。

长期目标：少压力，多放松。

我经常锻炼以保持身体健康。在上班之前，确保我有足够的时间放松和计划一天的工作。我推掉不益于自己、孩子、丈夫的事情。我珍爱生活的每一天，不浪费时间。我坚信我的信念，无论别人有多么不喜欢。

6. 我爱并感谢我的丈夫。

长期目标：和睦、温馨的家和丈夫永远的爱。

我安排时间专一地关注丈夫，耐心倾听他的烦恼。我维护我们长久的幸福。我感谢上帝赐予我这个优秀的男人，每天告诉他我多么感谢他的爱。我关注正面的东西，忽略困扰我的小过错。

7. 工作有计划。

长期目标：更高效，工作和家庭高效产出。

每天早上我切合实际地做好计划。我关注我需要做的事而不是我想做的事。我每天的工作对得起老板的钱。

8. 经济状况良好。

长期目标：没有经济压力的放松和享受生活。

我未雨绸缪，尽量节约钱，让支出低于收入。我关注个人退休账户，为我退休和将来做准备。无论什么时候只要有余钱，我就会为孩子的大学学费买储蓄债券。

以下是另一位学员用清晰简洁的速记风格写下的分享：

1. 身体健康。

1）注意饮食；

2）适量摄取维他命；

3）戒烟；

4）加强锻炼；

5）减肥；

6）减压。

2. 婚姻幸福。

1）与妻子沟通；

2）我考虑她的想法、感觉、需求；

3）我欣赏她的公司。

3. 控制生活（时间）。

1）我花时间与家人一起；

2）我积极向上思考；

3）我计划未来和每一天。

4. 经济自由。

1）我们一起规划未来；

2）我注意我的消费；

3）我寻求额外收入。

5. 我为人可靠。

1）人们可以信任我；

2）我准时；

3）我尽力做事；

4）我诚实；

5）坚强。

6. 与时俱进。

1）我探索做事的新方式；

2）我听取新想法；

3）我学习新理念；

7. 坚定所为。

1）理性思考；

2）有所为，有所不为；

3）执行决定；

4）坚持到底。

8. 我相信上帝。

1）我信仰肯定的态度；

2）我相信精神力量；

3）这使我更自信；

4）我相信我能。

9. 高效细心。

1）我寻求方法把事情做得更好；

2）注意事情发展动向；

3）信用良好；

4）我思考问题和处境；

5）第一时间做正确的事情。

如你所知，你所写的形式和用词无关紧要。个人宪法是你自己所见和你所选择分享的。重要的是弄清你的核心价值观，把它们转化成有意义的文字，再描述这些价值观对你生活的意义。

现在轮到你花点时间弄清你的核心价值观。这可能是你做过的最难的事，同时也是最重要的事。当这些生命中最重要的开始浮现在纸面时，你会有前所未有的目的感和清晰感。同时，你也会发现弄清写下价值观的行为会暗示你去做一些相关的事情。

为了帮助你，下面是1992年富兰克林时间规划公司做的全国性的调查。我要求人们弄清他们生活中最优先的东西。当人们用他们自己的方式描述这些价值观时，他们的答案被整理成册。以下代表的是美国人民生活中最重要的价值观，是我们根据回答量进行排序得到的结果。

1. 配偶；

2. 经济安全；

3. 身体健康；

4. 孩子和家庭；

5. 宗教信仰；

6. 成就感；

7. 正直和诚实；

8. 职业满意度；

9. 对他人的爱/ 服务；

10. 教育和学习；

11. 自尊；

12. 责任感；

13. 领导力；

14. 内心和谐；

15. 独立；

16. 智力和智慧；

17. 理解；

18. 生活质量；

19. 幸福感/ 积极态度；

20. 高兴；

21. 自制；

22. 抱负；

23. 能干；

24. 想象力和创造力；

25. 谅解；

26. 慷慨；

27. 平等；

28. 友谊；

29. 美丽；

30. 勇气。

这份调查帮助我们设计了可应用于个人电脑的“价值需求”软件包，用来帮助人们弄清他们的核心价值观，并将其植入自己的长期计划。这个软件会指导帮助你组织个人宪法（如果你有个人电脑，这个软件是有所帮助的）。

记住你的核心价值观是你自己的，不必拘于泥于上述清单。你不必跟我或他人辩论每个价值观的顺序，这里没有错误答案，答案因人而异。

一旦你弄清你自己独特的核心价值观，你就构建了你的个人产出金字塔或者叫自我实现金字塔的基石，你的核心价值观所涉及的长短中期目标和日常规划会帮助你实现你所追求的：内心平静。我们将在法则3中探讨金字塔和优先区分核心价值观的重要性。

WHEN YOUR DAILY ACTIVITIES REFLECT
YOUR GOVERNING VALUES
YOU EXPERIENCE INNER PEACE

法则3 排定优先顺序

当日常生活反映了你的核心价值时，你就能体验发自内心的平静在本书的开篇章节中，我讲述了一位美林公司主管在他儿子意外身亡后写信给我的事。因为他明白了他的核心价值观，所以他面对生活的悲剧才能经历内心的平静。换言之，他控制了自己的生活，所以当悲剧发生时，他不必去愧疚。

我也收到过其他的信，父亲在女儿或者儿子结婚时抽泣。因为他们没能带孩子去看向他们承诺过的足球比赛，没能玩接球游戏，没能去钓鱼，没能去城里吃香蕉船（一种甜点），没能去做100件他们打算做的事情，仅仅是因为他们不在城里或者太忙了。现在他们认识到机会之门已经关闭，他们便在婚礼上哭泣。他们不是对婚礼感到悲伤，而是对那些他们本能够和应该做而没有去做的事感到遗憾。

这同样发生在父亲和母亲身上，而不论孩子的性别。发现对你最重要的是做关于内心平静的事，这很简单，但在某种程度上来说，这又是世界上最难的事，因为有很多阻碍，比如一些不太重要的事比较紧迫。我们已经知道重要的事不紧迫，除非我们使它们变紧迫。

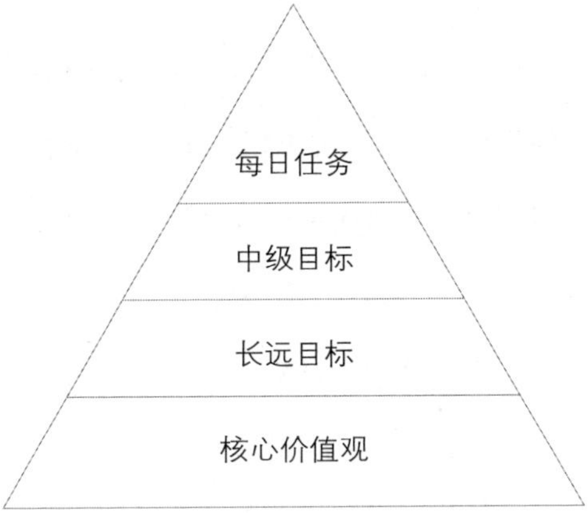

在法则3中，我们将讨论符合优先区分核心价值观的次序。在法则4中，我们关注目标——连接价值观和每日活动的桥梁。在法则5中我们要解决建立和管理你日常任务的清单。我现在想让你们关注的是金字塔所展示的部分之间的联系。一切皆始于核心价值观。如果你不遵循核心价值观设立目标，你也许会实现目标，但你不会感到满足，因为你忽略了对你最重要的事。同样，如果你的每日任务不体现你的长期和中级目标，你会忙碌但不高效。

金字塔必须统一连续，也必须由下到上。这就是为什么人们大多数时候感到沮丧有压力的原因，因为他们忽略了底端的3个层次（有时候是4个）。他们也许列了任务清单，但他们根据的仅仅是紧迫度。繁琐小事总能引起我们的注意，结果是，每天结束时，即使他们完成了清单上所有的事情，但是他们忽略了不紧迫的事情。他们维修汽车、还房贷、看牙医、写老板急需的报告、与客户共进午餐，他们解决了工作中的事，但他们没有和妻子进行良好的交流，没有带孩子去买冰淇淋或者读一本好书，因为他们没有将这些列入清单。他们为什么不把这些列入清单？因为多数人不根据核心价值观制定计划。日复一日的工作犹如没有司机的汽车，随意开向下坡或者倾斜的地形。

我们有目的地选择金字塔展示这一方法。金字塔的形状由下到上，关注越来越明确，专一性越来越强。核心价值观从总体上展示了法则和信仰。长期目标是把这些法则转化成几年之后你想实现的，不是一蹴而成而是中级目标的累积。中级目标通过每天目标导向的努力和一系列细节实现。

如果核心价值观指导你的日常活动，当完成对你来说意义非凡的事情时，你会感到满足。满足是我们追求内心平静重要的部分。

那位写信向我讲述他8岁儿子早逝的男士遵循自然法则并用之于生活。他花时间评估他的价值观，围绕价值观计划生活，所以，他能从容面对悲剧。他争取了内心平静的权利。

建立优先的重要性

我们要避免一个错误，以为一旦弄清核心价值观，我们就完成了金字塔的基础。弄清它们还不够，我们必须把它们按优先权进行排序，否则我们不知道我们的哪一个目标和哪一件日常活动对我们最为重要。例如，我有“我维持身体强壮和健康”这个价值观，或者“我是出色的丈夫和父亲”这个价值观。我计划一周打一次网球，和孩子一起做一件事情。通常这不是什么问题。我两者都可以做。但如果我特别繁忙，不能兼顾两者，我该怎么办？我该做哪一件？然而，如果我们没有确定优先顺序，我们也许会做一件使我们最高兴的事，大多数人通常都这样做，但是你应该注意到我已经决定了哪一个对我最重要。在我的清单上“做一个好父亲”排第五，“身体健康”排第十，我都不用考虑就会选择和孩子一起做一些事情。我已经做了决定。什么时候做的决定呢？就在我坐下来完成我的核心价值观清单时。

如果我没有优先区分这些价值观，我就不可避免地必须面对冲突的目标、日常活动，并做一些困惑的决定。让我介绍另一个例子。我清单上有另外两个价值观："我经济独立"和"我完全诚实"。假设我现在经济困难，有人提供一个机会能100%长期保证我家人的生活保障，不过这里又有另一个问题——这次机遇不是完全合法的，虽然我不会被抓，但是不符合道德。我该怎么做？那么这就取决于哪一个价值观对我来说更重要一些。你会注意到"经济独立"排在第12位而"诚实"排第8位。这就意味着我想经济独立，但是我不能以忠诚换取金钱。换句话说，诚实比经济保障更为重要。

我想说明的是如果你不把价值观排序，如果你不确定什么对你最为重要，你在做决定时便会犹豫不决，也不会获得内心平静。这时合乎情理和妥协将会起作用。所以当你不确定你的优先权时很容易倾向于合乎情理。"我的家人对我重要，这些钱可以给他们应得的生活保障。"不确定的优先权导致行为不是由法则和价值观而是可取的需求决定的，我们将其称之为"结果决定方法。"这一直存在。唯一的解决方法是弄清你的优先权，对你的价值观进行排序。

赫尔曼·克兰纳特

1925年，赫尔曼·克兰纳特担任印第安纳一家集装箱公司的主管。一次，他被邀请去芝加哥和总裁共进午餐。因为之前从未有过如此殊荣，他十分兴奋。他来到芝加哥在体育俱乐部和总裁吃午饭时，总裁说："赫尔曼，我今天下午将在公司宣布一件对你意义非凡的事。我将提拔你为高级执行副总裁，你将成为董事会新进的一员。"

克兰纳特有点摸不着头脑。他说："总裁先生，我不知道你有这样的想法。我想让你知道我是公司最忠诚的员工，我将不余遗力地把公司打造成为全美国最好的。"

总裁很满意地说道："赫尔曼，我提醒你有一件事我希望你记住。作为董事会的一员，你必须按照我的意图投票。"

这让克兰纳特有些吃惊，他说他不确定他能否做到。

"得了吧，赫尔曼，这就是生意。我推举你进入董事会，你就得听命于我，对吧？"

他越想越觉得气愤。午餐结束时，他站起来说："总裁先生，我告诉你我不能接受晋升，我不会成为董事会任何人的傀儡。"他接着说："我不想为有这样要求的公司工作，我辞职。"

当晚他回到印第安纳波利斯跟她的妻子说："你会高兴听到我今天被提升为高级执行副总裁，成为董事会的一员，但是我却辞职了。"

她说："你辞职了？你疯了？"

但是当他告诉她实情时，她十分赞成地说：“好的，我想我们可以干点别的。”

四天之后的晚上，公司的六位高级主管兴奋地来拜访他。“赫尔曼，我们听说了那天发生的事。我们觉得这是我们听过最棒的事。实际上，我们也辞职了。”

“你什么意思？你们都辞职了？”他说。

“是的，我们辞职了。有个好消息，我们想为你工作。”

他们说：“我们知道你会做点别的事。当你做的时候，我们想为你工作。”

那天晚上，这七个人在赫尔曼家的饭厅里创立了内陆集装箱公司。这个帝国的存在不仅因为1925年一个男人知道他的核心价值观——忠诚和正直，而且他将它们排序了。假设他改变了两者的顺序，会影响他的决定吗？极有可能。这就是为什么我强调最重要的是将你的清单进行排序。

折中选择

有时不知道价值观的优先顺序会产生不同的情况。一种情况是两种价值观都不错，我们倾向于在两个较好中选择而不是选择相对次的。只有弄清我们的价值观才能决定哪一个更好。例如，你的叔叔去世了留给你5000美元。你想去买一辆二手车，因为之前的车坏了，而且是市场上最丑的车。但是几年以来你都对自己说，一旦有富余的钱，你会带上妻子去欧洲旅游。你会怎么做？你需要一辆新车，但是去欧洲的旅行会使你的婚姻幸福，留下美好的回忆。唯一能够帮你做决定的是看看你的价值观。如果你和妻子的关系高于一辆新车，那么你可能会去欧洲，但是如果提供充足的收入是最高优先权，你可能会选择更好的汽车而通过其他方式维护你和妻子的关系。做决定的关键在于哪个价值观最为重要。

选择职业

如果你将你的生命按照所花时间来分类，最大的那一类可能是职业生涯。平均每个人要上8万个小时的班。那是时间最大的投资。在自然法则中，大多数人每天工作8小时，一周5天的工作与真正的价值观有所冲突。这就是为什么多数人觉得工作有压力的原因，他们在做他们不想做的事情。

一位商学院的教员，跟学员们交流过后发现，他们大多数由于各种原因来学习商业知识。这些学生在开始工作后，发现他们不能得到所想的幸福，因为他们花了一生大部分时间做他们不喜欢做的事。为了更多地了解他们的动机和价值观，他开始对他的学生做匿名调查，通过这样两个问题：“你为什么选择这个专业？”“如果钱不是问题，所有工作工资都一样，那时你会做什么？”也有一些学生真的热爱商科，但是他们会选择做一些别的——教师、木匠、社会工作者、艺术家、音乐家、农场主、舞蹈家、作家、娱乐家、教练、青年咨询顾问、机械师、警察、飞行员、园林设计师、裁缝，所有你能说出名字的职业。不管他们有多么热爱，他们选择了做不能实现自我的工作来换取金钱。

如果这些学生看过这些清单并对他们的价值观进行排序，他们可能不会有人让“经济保证”高于“做他们热爱的事”。因为他们没有弄清自己的价值观并对其进行排序，夸大地说，也许他们长达40年的日常活动，是由错误的优先权决定的。价值观和日常活动的冲突非常明显，所以他们生活中的沮丧是可预知的。

改变职业

我知道很多人后悔他们的职业选择，通常随着时间推移，这种感觉会达到最高点，为了其他工作，回学校接受再次培训已经晚了。但是，有少数人确实会重新开始，因为他们意识自己的职业并不能令人满意。克莱恩·罗宾逊就是一个很好的例子。现在的克莱恩是一位音乐教授，但他的职位来之不易。他的故事是如此的鼓舞人心，他这样讲述他的故事：

我的父亲是一名保险代理人，当我去大学的时候我想我应该做些什么。我很快就认识了一些朋友，其中最好的一位朋友立志当一名医生，他说服我成为救死扶伤的医生是对社会最大的贡献。“是的，他可能是对的。我要做他觉得对的事。”所以我开始主修医学。我学得很好，没遇到任何困难。实际上，我大学最好的那一年，都是我不开心的。

我在德国呆了几年，包括东德地区。在那里，我认识到世界真正的问题是政治冲突，如果我像每一个热血青年一样成为理想主义者解决世界问题，那么我应该深入了解一些有关政治的东西。我发现东德西德的冲突后，决定帮助他们解决那个问题。于是，我开始学习英语，我真的很享受。然后我申请就读法律学校并如愿以偿。不到5天，我内心还是觉得：“感觉不对，有些问题。”

在法律学校的最后时期，我参加了免费给哈佛学生做的测试，看看我为什么如此不喜欢法律学校。测试得出了一些结果，其中一个是我看事情的眼光和律师完全不同。顾问摇头道：“你是怎么通过律师学校考试的？你回答问题的方式完全不适合当律师。”我说：“我觉得我有些骄傲，我不喜欢他人的看法。”最后他问了一个至关重要的问题：“你真正想干什么？”我环顾四周确保没人在看我，我说：“我真正爱的是唱歌。”“那么，你为什么不去唱歌？”

克莱恩发现他处在一个重要的十字路口。在他心中，他真的想去唱歌。这意味着他不仅要放弃待遇丰厚的工作，并且在供养妻子和两个孩子的同时，还要回学校去取得音乐学位。从我自身放弃经济保障遵循核心价值观的经历来看，我知道克莱恩的决定并不轻松。当家人衣食住行不能确定时，毫无疑问他会犹豫不决。在和他的妻子商讨如何应对以后，妻子坚定地鼓励他。在他30岁的时候，克莱恩·罗宾逊决定踏入音乐界。不管做出职业生涯改变有多么的困难，他的感觉与在法律学院完全相反。

从那时起，一切都充满乐趣。理论课有趣；音乐史有趣；写论文有趣；在学习音乐的课程中，一切都能给我带来欢乐。

当你听克莱恩唱歌或者听他讲课时，你会发现他是多么热爱他的职业。他也尽力帮助他的学生找到自己的价值观，避免重复他的错误。“教孩子唱歌是有趣的，”他说，“让他们写音乐是有趣的，但最终我所做的是创造一个环境帮助孩子们建立信心找到他们真正想做的，然后去改变。这样5年之内便会和现在不一样。他们现在学的最重要的是相信他们的价值观，不是他人的看法，也不是他们认为有价值的。

平衡天平

价值观、目标、日常活动之间联系的重要性不能被夸大。无论什么时候根据核心价值观计划日常活动的方法出现问题，无论什么时候产出金字塔发生倾斜，你的生活便会开始失去平衡。

在矫正天平之前，一些屠夫和面包师会偷偷地改变“平衡天平”，从而占一点小便宜。顾客被欺骗，因为不平衡，他们得到的比付出的少。类似的，人们会被误导，如果他们按照他们的喜好“平衡天平”，通过增加每日的工作量来等同于高产出。当他们完成很多时，他们通常筋疲力尽，不仅欺骗了自己而且欺骗了他们想讨好的人。

维持平衡的关键在于根据我们的核心价值观和目标列出每日任务清单。以下问题可以帮助我们实现价值观和日常活动之间的一致性：

- 这个项目长远的重点是什么？
- 什么时候由谁必须完成任务？
- 我能给谁授权什么？
- 这个项目比其他的重要吗？
- 如果我来完成任务会是什么结果？
- 我有计划时间给我自己和家庭吗？
- 这些任务违背我的价值观吗？

当我们能更好地控制生活时，我们便能经历内心平静——合适地控制生活中的事件获得生命的沉着、平衡、和谐。当我们所做之事与我们所信之事一致，内心平静才有可能。价值观导向的目标使人们抓住最重要的事，指导他们规划他们的日常活动。

人们满怀信心地离开课堂，但是回到工作中，他们没能改变他们的行为。为什么？因为他们没有足够的授权去改变。授权不仅需要人们知道法则和技巧，还需要找到工具去帮助他们植入。生产力金字塔和我们将在法则5中讲到的详细的计划方法就是这样的工具。

在不可预测的经济中，个人生产力极为重要。我相信人们具有无限的潜能。这就是为什么我讨论核心价值，让人们找到最重要的，并鼓励他们让这些价值观指导日常活动。

生命中最重要的事不应受到不太重要的事支配。除非我们弄清核心价值观，让日常生活和价值观一致，我们会有反应地计划和生活。

找到并抓住最高的优先——你的核心价值观，你真的不会有强烈的需求去实现金字塔顶端的两项——设立目标，完成任务。但是一旦你弄清这些优先权，它们则不会坐以待毙。它们会驱使你遵循它们做事。那是我们在法则4中将要讲到的。我们将学会如何设立详细的、可测量的、现实的目标——核心价值观和日常活动之间至关重要的桥梁。

TO REACH ANY SIGNIFICANT GOAL
YOU MUST LEAVE YOUR COMFORT ZONE

法则 4 设定明确可行的目标

为达成重要目标，必须远离安逸区

在詹姆斯·纽曼《松开你的刹车》中探讨了安逸区的概念。你的安逸区，当然，是你感觉舒服、安全、可靠的地方。安逸区不可避免的很难离开。事实上，人们自然而然地靠近安逸区。

你是否去过每人自带食物的晚餐聚会？在聚会上你吃谁的食物？通常是你自己的。为什么？因为安全。你知道它尝起来怎么样。不会有不舒服的惊喜。你去鸡尾酒派对。你在派对上第一个遇到的是谁？你知道你熟悉的人，你觉得舒服的人。这个观点有另一层含义：如果我不能进入安逸区，我会再造一个。这就是为什么娱乐产业存在。我在加利福利亚洲有一个朋友，他有一辆价值130,000美元的房车。这是我见过的最棒的机器。那是鲍勃的理念“风餐露宿”。的确是远离家的家。

内在安逸区

外在和物理的安逸区很容易理解。但他们绝不是我们仅有的安逸区类型。有时我们会发展精神、情感、社交和心里上的安逸区。离开这些安逸区比离开物理的安逸区要困难。

我的朋友史蒂文有一个非常害羞的年轻儿子叫托德。事实上，他如此害羞以致心理学家给他的情况取了一个特别的名字。他是选择性沉默。这意味着在某些场合，托德不会讲话。托德是一个聪明的男孩，他的数学和语言能力超出同龄孩子。在家和朋友家他毫无拘束而且健谈。但是在有些情况下，他沉默寡言，甚至不和父母讲话。当他在幼儿园的时候，他就一整年没和老师同学说过一句话连一个字也没说过。但是他喜欢幼儿园。问题是老师和同学让他感到不知所措。他被扔出了自己的安逸区，他的回应是沉默是金。

史蒂文和妻子桑迪很担心托德。他们知道他沉默寡言的时间越长，越难以改变。他们听说过有类似情况的孩子，三年级、四年级甚至五年级在学校都不讲话。如果可能的话，他们想早点改变他。改变托德的唯一途径是使他在学校感觉舒服，有信心说话。你也许会说他们想让他有在家的感觉。所以在秋季学期开始之前，他们带托德去见他的一年级新老师。他们询问过托德的幼儿园老师，知道斯坦丽女士非常有爱心，经常称赞学生，特别关心学生。他们事先让托德知道这次拜访，告诉他必须回答斯坦利女士的问题。即使他只说一个字，也表示他有信心去做。他们也告诉斯坦利女士托德在幼儿园的情况。最终这次见面卓有成效。托德没有跟斯坦利女士说太多，但是他回答了她的问题。

开学第一天斯坦利女士点了托德的名，在他开口之前，跟他一同从幼儿园升到一年级的几个同学说："托德不会讲话。"因为斯坦利女士已经跟他讲过话，所以她明确地告诉他们："为什么，他当然会讲话。我听他说过话。"简单的几句话改变了其他同学对托德的看法，也改变了托德对班级的感觉。他那天讲话了。接下来一年他都讲话。一年级成了非常积极的经历。斯蒂文夫妇对他们儿子在九个月内便取得了几年的进步欣喜若狂。

如果托德想在生活中成功幸福，很显然他需要改变。他需要离开安逸区。如果我们问自己托德的安逸区是什么，这也许会有所帮助。家？是的。家代表物理安逸区。学校，至少幼儿园是家以外的区域。但是他还有其他的安逸区域吗？当物理环境让他无所适从，他以沉默作为回应。走出他内心安逸区比离开物理安逸区要难得多，重要得多。

设立目标

目标与现状冲突，即是说，实现目标意味着做一些新的事，离开我们舒适熟悉的安逸区，探索新的边缘。有时探索新的领地是冒险的，通常会把我们吓得半死。有时我们不愿离开安逸区。遗弃旧的舒适模式是生命中最困难的事之一。实际上，这可能是多数人不愿意设立目标的原因。目标促使我们采取新的行为，而我们会为之担心。

让我问你两个问题。美国人写下他们详细的长期目标的百分比是多少？几年前，德康涅狄格州的哈特福的一家保险公司做过全国性调查。他们想知道美国人写下详细长期目标的百分比是多少？调查结果是仅有3%。在我数以万计的学员中，他们大多是成功人士，我认为比例也不高。但是要是比例高会怎么样？如果这样，为什么会这么低？我有预感。如果我写下一个目标却没有实现它。我做了什么？我失败了。在我们的社会中，我们认为失败是糟糕的。没有一个目标会更明智一点儿吗？我们通过逃避失败的情形避免失败。如果我们去掉失败的可能性，我们忽略掉了什么？是的，成功的可能性。我们可能没有意识到这一点，我们无意识地让自己呆在安逸区。

第二个问题：在年龄为65岁的美国人中，手上有10,000美元的百分比是多少？数字是5%。为什么我问这两个问题？因为我认为它们相关。如果不设立详细的目标，美国大多数人都不会有经济保证。

1936年社保开始实施时，有16个人为一个人的社保出力。今天的比例降到3:1.你知道8年内比例会是多少吗？也许是1 ：1.如果我不保证我退休时的经济保证，谁会负责呢？我会。我最好有实现保证的计划，我的计划应该遵循核心价值观。如果不设立目标，那么我们仅仅是活着而不是生活，我们也不会达到控制生活后产生的水准。

以下的图例展示安逸区怎样束缚着我们。不幸的是，它极其准确地表述了我们大多数人的生活。

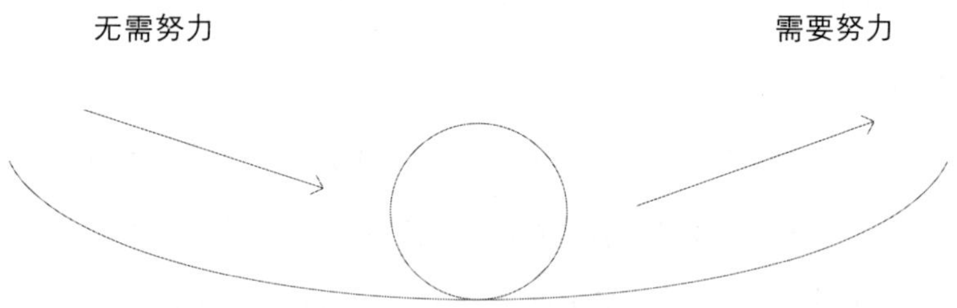

不努力，我们自然而然养成舒服的模式和习惯。逃离安逸区需要很大的努力。价值观导向的目标迫使我们努力离开我们原始的安逸区。如果我们对目标松懈，我们就会变得不专注、粗心，很容易从目标里分神。

时间线

你是否说过："某一天，我有时间了，我要……"也许你这样说过，也许你没有。但是你仔细想想。实际上，在说"某一天，我有时间了，我要……"这句话时，无论在结尾你填上代表你生命中愿望、希望、价值的什么短语。我要告诉你，你不会实现那个愿望。你会一直后悔除非你决定做一些关于它的事。如果我们用一条线表示你的生命，一条像这样的时间线：

BIRTH（出生）　　　　　　　　DEATH（死亡）

我知道你的两件事。第一件是你出生了。我把你的出生标记在时间线的最左端。你的出生是你不能控制的。我们通常认为出生理所应当。但是从你出生开始，你已经把你的时间线滑到你读这段的这一点。拿出铅笔在时间线上标出今天。在时间线上注上"今天"。我见过一个74岁的老人把"今天"标注在从他出生的1/8英寸处。他是了不起的。

当你回想从出生到今天的时间线，你脑中可浮现出成千上万件事——你学会走路的那天、学会说话的那天、去上学、得到第一份工作、亲吻、结婚、有第一个小孩等等，这些都是过去。你不能改变其中的任意一件事。如果你的时间线是混凝土做成的，在时间线左边你的“今天”的标记固若磐石。目前为止，你生命中的所有事情都凝固在时间线上，你不能改变它们。

我知道你的第二件事是你还没有死。如果你在读这本书，说明你还活着。你不会知道你离时间线右边的“死亡”还有多远。但是你站在今天看以后的时间线，你不能看见任何具体的事件。没有什么是固定的。你需要明白这个事实 ：“今天”右边的混凝土标记是湿的，它还没有凝固到你经历的那一点。

假设我今天决定我们的核心价值观是经济独立。我决定了我想将来某时发生的事。如果我们不明确细节，弄清价值观是没用的。所以我在时间线上用箭头标注了“2005年7月31号”。箭头的注释是“我要在2005年7月31日经济独立。”我标记箭头，湿的混凝土黏在那里。这是长期目标，金字塔的第二层。现在，如果我写下“在1984年7月31号，我要经济独立，”我不能将它写在时间线上，因为混凝土已经凝固。我的意思是 ：“你可以为将来设立目标。但不要浪费时间缅怀过去。

你也许注意到了我的经济独立的目标是非常详细的，但是还有很多不确定性因素，会有变数。如果我想实现计划好的目标，我还需要做一些中级步骤。我不禁要问 ：“如果我要在2005年7月31日取得经济独立，这期间我需要做些什么？ ”这是金字塔的第三层，中级目标。你知道人们一直告诉我，“海勒姆，我有长期目标。我在努力，我正在靠近。”但是这通常是不确定的。他们也许有长期目标在脑海中，但是什么都不会发生，除非他们把模糊的目标变得实际具体，回到今天，完成家庭作业，开始控制他们仅能控制的时间：当下。

你不能控制的事件之一是你的每呼吸一次就越靠近目标时间。兴奋的是当你坐在这儿阅读的时候你认识到你正在成长，对吧？在2005年7月31日之前，你所做的仅仅是年纪的增长，越来越近，等你来到那个日子，你的目标也不会实现。经济独立不会自己发生。即使人们中六合彩也需要做点什么。对我们多数人而言，实现经济独立需要一个过程（像生活中大多数事一样）。如果我们想获得成功，我们必须设立中级步骤。那么在实现经济独立道路上的中级步骤是什么？可能是在学校学的投资技巧，好的工作、一些保险或者固定资产。我定义了5个中级目标。我们能更详细一些吗？当然可以。我们可以投资，可以在现在和目标时间之间定义35个任务吗？当然可以。如果我在2005年真的实现经济独立，这35个任务会有怎样的结果？在我的任务清单上——金字塔的顶端，我用价值观和目标来导向我的每日任务清单，除了我不得不做的事以外，清单上还要增加那些对我非常重要的事情？35个任务中的一个或者两个跟投资有关。核心价值观通过中级目标指导每日的任务清单。

明智的目标

价值观解释你为什么要实现生命中的特定事。长期目标描述你想实现什么。中级目标和每日清单展示如何去做。当你设定目标时，我建议你确保它们是明智的。明智的目标应该是：

具体的

可衡量的

行动导向的

实际的

适时的

有人说不写下的目标仅仅是一个愿望。写下目标迫使你让目标具体化。如果目标不具体，那么你很难知道你是否已经实现它。你只能提升你可以衡量的。如果你设定的目标不能被测量，例如“变得更诚实”，你不会得到太多的提升。

目标应该一直导向行动而不是个人能力。写下具体的行动而不是“善待孩子的目标”。“我不会大声对孩子嚷”或者“我要一周两次和汤姆玩半小时接球游戏”是具体的例子，行动导向的目标。

目标必须实际。目标高是好事，但是过高的目标会使人灰心，这又会成为另一个无效的活动。“我今年要赚一百万美元”是一个好的目标，但是对我们大多数人来说这是不切合实际的。但是“我一年要赚五千美元的”的目标也是不可行的。太容易实现的目标和不能实现的目标一样的没用和不切实际。

目标也必须是适时的。不要设定一个你现在没时间去奋斗的目标。不要给自己太多的时间以致目标变得没有意义。“我要在2040年12月31日取得法学学士学位”的目标是具体的、可衡量的、现实的但是非常不适时的，如果你现在已经45岁了。

下面是明智目标的例子：

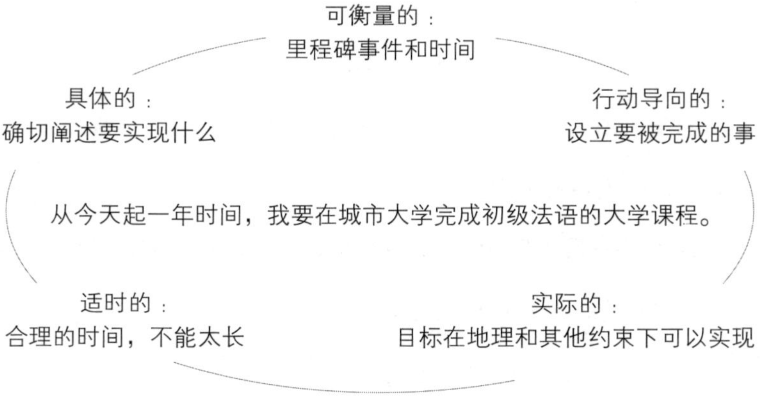

目标类型

正如我朋友迪克·温伍德所说，开始设定目标犹如学习其他技能。以下的目录会让你觉得目标设定贯穿你的生活。你的多数目标当然要建立在一个或者更多的核心价值观上，你的个人宪法也许会展示更多的类型，但是他们也许是良好的开端：

- 身体健康
- 家庭/配偶
- 精神/人道主义
- 经济
- 公司/职业生涯
- 公司/战略
- 社区/政治
- 教育/个人发展

上面的清单是否让你的良心阵痛？有愧疚感？意识到我们忽略的生活领域是平常的。如果你有这样的感觉，可能那就是你开始设定个人目标的地方。

以下是一系列简单的自我评估问题，可以帮助你设定个人目标。这是设定你自己目标的开端。

身体健康

- 我去年有参加身体检查吗？
- 我有进行身体锻炼吗？
- 我有乐观对待我的体重并塑造体型吗？

- 我有需要控制的恶习吗？

家庭/配偶

- 我花时间在家庭上了吗？
- 我有花时间和配偶或者孩子独处吗？
- 我有计划有意义的家庭活动吗？
- 我经常把工作带回家吗？

精神/人道主义

- 我最近有帮助过他人吗？
- 我在遵循道德伦理吗？
- 我应该更多地去教堂吗？
- 我有好学谦逊的态度吗？

公司/职业生涯

- 我有计划职业提升吗？
- 我知道职业生涯的下一步并知道怎么去做吗？
- 我有跟老板交流期望吗？
- 现在的工作是我喜欢的吗？

公司/战略

- 我有具体的产出销售计划吗?
- 我准时在预算内完成了项目吗?
- 我怎样在工作中变得高效?
- 我照顾下属了吗?

经济

- 我收支平衡吗?
- 我有储蓄或投资计划吗?
- 我有为我退休准备钱吗?
- 我有合理的使用信用吗?

社区/政治

- 我有认识到并帮助解决社区问题吗?
- 我有积极地支持我的政党吗?
- 我忙于社区的事情了吗?
- 邻里之间相互了解吗?

教育/个人发展

- 我接受良好的教育和训练了吗?
- 我有阅读我想了解的科目吗?
- 我最近去过剧院、艺术展、音乐会吗?
- 我有计划时间休息和娱乐吗?

这些问题让你开始思考你对每一类情感的回应。可能你有所喜恶。因为你也许会致力于那些更不舒适但却紧迫的任务。根据你的良心，从那些需要最为注意的开始。

假设你需要开始在教育和个人发展方面设定目标。你想为你自己在这个领域选择一个将来的状况——可能你已经有了具体的想法。你选择了2–3的目标，拥有完成任务的巨大信心，下个月你就会有所动作。现在花时间设定你的长期和中期目标将使你靠近你的核心价值观。

离开安逸区的三个障碍

古训说："不管是人是鼠，即使最如意的安排设计，结局也往往会出其不意。"

我们设定崇高的目标，如新年愿景，结果看到几周之内便变淡。离开安逸区和实现目标，我们通常会遇到三大障碍：

障碍1：无形委员会。我们的价值观来自朋友、家庭、同事、主管或者我们敬重的人。我们不假思索地吸收了他们的价值观和观点。我们甚至也许不知道这些价值观对我们有什么样的影响。他们无形地聚集在一起决定了我们。如果你的朋友认为欧系车是最好的并嘲笑你的奥尔兹莫比尔（美国产），你下回就会倾向于购买BMW或者Saab，即使你比较喜欢美系车。如果你的父亲一直灌输给你商业和法律是最好的职业，但是你的特长是手工艺品，你也许会成为不快乐的律师或者商人。

为自己的价值观而活而不是依赖别人的价值观。当我母亲62岁时，她决定攻读夏威夷大学的第二个学位。当她跟同龄的女性争辩这个决定的时候，我恰好在场。那位女士说道："露丝，这是荒谬的。要花你三年时间去攻读那个学位。三年后你都65岁了。"我母亲思考了一阵郑重的说："无论怎样，三年之后我都会65岁。"我从椅子上站起来。多么精彩的观点啊！我想。她没有让那位女士的价值观磨灭她的目标。对她而言，比起获得学位，她会更好的利用三年时间。

障碍2：墙。有时我们感觉被过失、责任和感知的限制给围了起来。改变是有代价的，因为我们在特定的模式里呆的越久，墙就越高。有时容易隐藏我们真正的价值观和目标，假装他们真的不存在。这会带来压力和沮丧，需要勇气去摧毁那道墙。

上一章节我们谈到的克莱恩·罗宾逊戏剧化的职业生涯，他在学习法律时把自己围了起来。他30岁从哈佛法学院毕业时，已婚并有2个孩子。他本能够轻易说服自己他的处境不允许他追寻他的梦想。他欠他的家庭一份全职工作和供养他们吗？他有优秀的哈佛法学学士学位。再次回到学校是非常困难的。我肯定许多跟他有类似情况的人会忽略他们的核心价值观。但是他深知，除非他遵循内心，改变职业，否则他不会真正的开心。所以他一点点的摧毁他认真建立起来的墙。他回到学校学习音乐。他的妻子支持他的决定并为克莱恩做出了必要的牺牲。从他的事例中我们应该学到："别人的看法并不重要。"如果你接受自己并遵循你的核心价值观，世界就会接受你。实际上，人们看似一直奋斗的不是他们真正的价值观。

障碍3：害怕改变。有时我们宁愿错误也不愿去改变。有多少人知道他们应该戒烟却害怕去做？"我冒着得肺癌的危险。我赌运气。"为什么会这样？

如上所述，我们害怕改变是因为我们害怕失败。害怕失败是逃避目标的强烈动机。我们一点儿也不愿意尝试。如果我们失败了人们会怎样看？

他人的眼光通常阻碍我们设定目标和尝试改变。如果我们失败了，人们会认为我们没用。如果我们成功了，人们也许会不喜欢我们的改变。本杰明·富兰克林曾说："他人的眼光摧毁我们。如果只有我一人能看见，我便不要好衣服、好房子、好家具。"

关注目标

大多数情况，失败不是世界末日。我们可以鼓励自己，从错误中汲取经验，一再尝试直到成功。事实上，如果我们不愿失败，也就没有成功的动机。失败，在某种程度上是生活的正能量，而不是我们应该害怕的。只有极少的情形，我们不能承担失败。实现目标是紧要的。这种情况下，有益的可理解的失败能激励我们追寻我们目标。接下来让我详细讲述。

1965年我应征入伍。我一位挚友也同时入伍。他当了步兵。我当了炮兵。我欣慰因为步兵靠步行而炮兵不用。那时越南战争越打越激烈，所以我们学习大量战场上的求生技能。军队的目标是——如果伤亡过多，便会战败。但是就我个人而言，存活是绝对重要的目标。如果没能实现这个目标，其他一切都无关紧要。

在训练中，我发现越共的设备阻止我实现存活的目标。设备之一就是竹尖钉，像你小拇指一样的新鲜竹片。他们把竹片削得跟剃须刀一样锋利并把它在人的尿液中浸泡三天。因为竹子刚被砍下时能吸收所有的毒素。

越南人将它埋在美国兵会过的地方。他们挖比人稍微大一点的大约三四尺深的坑，在底下插满竹尖钉。竹尖钉尖朝上被埋在土里。坑口被隐藏起来以免美国兵发现。

他们这么做是因为它们发现美国兵一听到枪响，便会派出侦察兵步行向前探路。当美国军队初入越南时，大量士兵为此而亡。我们的人害怕隐藏的竹尖钉。这种死法很丑陋。

越共设计了不计其数这样的设备。军队不仅尽最大努力弄清这些陷阱，而且训练士兵去发现并避免他们。

有趣的是，我在温暖的路易斯安那州的波克堡进行这样的训练时教室内大约有一半男人在睡觉。如果他们想实现存活下来的目标，这些训练是非常重要的，但是他们却错过了。

没有睡觉而认真训练的人中有一个是我的好朋友。他成为了美国陆军突击队的一名职业士兵。他离开学校参军并决定去越南，他是真正的有志青年。

因为我的朋友受过这样的训练，所以他有识别竹尖钉陷阱的能力。他非常认真地对待他最初的目标，以致于他认真地用他的手段存活下来。他的口袋里装满了缠有彩带的冰棒棍。他在前面弄清陷阱、导火线等并用冰棒棍标记出来。当其他部队过来时，就会看到警告标记。因此他带领他的属下胜利战斗了11个月。他拯救了队友的性命，队友因此而尊重热爱他。

在第十一个月，他一秒的疏忽，错过了三线地雷。他的脚碰到了其中一根线，地雷爆炸了。那个微小的过失带走了我朋友的生命。最终他没能坚持回到家。

故事的结局很悲惨，但是他的死讯让我认识到一个事实，一些目标远远比其他的都重要，是因为一些价值观比其他的重要。如果你经过丛林里的陷阱或者我模拟的世贸中心顶端的I梁，不容许任何错误。有一些目标，你必须目不转睛地盯着。不注视你设定的目标，目标永远不会实现。

没有什么可以阻止坚定的灵魂

你已经理清了你的核心价值观，并设立了一个或更多的目标帮你做些关于价值观的事情，你关注你的目标。那就足够了吗？其实还需要另一个因素：决心。

无论你感觉多么不舒服，你会坚持你的价值观吗？无论看起来有多么困难,你都会决心实现你的目标，尤其是你最核心价值观指导的目标吗？无论你多想回到你的旧习惯，你都会决心实现你的目标吗？如果你的答案是肯定的，那么就没有什么可以阻挡你控制自己生命中可以被控制的事。让我给你讲述一个有关决心的小故事。

当我从军队回来，我和妻子回到学校完成我们的学业。我参加社团成为童子军社团的一名顾问。我对有机会认识年轻人感到非常兴奋。我开始考虑我们将要做的伟大的事和我们将要设定的目标。当我进入房间，看见五个“最酷”的青年用非常强烈的肢体语言向我昭示：“你胆敢教训我！”

当我走到门前对我自己说：“我也加入。”这个决定是对的。

我说：“嗨，我是你们的新顾问。”

他们没有像我预想的那么兴奋。所以我说：“让我简单介绍一下我自己。我是海勒姆·史密斯。在夏威夷长大，那是一个不错的地方。”我给他们讲了一点关于夏威夷的东西，接着我问：“明年你们愿意去夏威夷吗？我们一起赚钱，我会告诉你们怎么做。我们去夏威夷待两周，一起做一个项目。”接着我描述了一幅画面。“我们会去海里游泳；去波利尼西亚看演出；我们还会去珍珠港。”我尽力了，但没有任何回应。我最后不得不问：“你们没有兴趣吗？你们愿意去夏威夷吗？”

最后，他们中的一个动了一下，在椅子上向前倾说：“我明年要去月球。”他们所有人都笑了。这真是一次糟糕的经历。

我走向他们的领队。我说：“我不相信。我提供这些孩子去夏威夷旅行的机会。他们却嘲笑让我离开。”他们笑弯了腰，觉得那是他听过的最有趣的事情。他说：“海勒姆，你需要明白，过去的半年里，这些孩子换了五个顾问。他们每一个进来时都提供好的旅行。虽然去夏威夷有趣，但是旅行都没有实现。当你进来向他们提供去夏威夷的旅行时，他们根本不相信。”

我为此思考了一周。当下一次见面时，我径直走过大门，站在他们面前说：“听着，孩子们，上周我提供你们去夏威夷旅行。虽然你们对此没有一点儿兴趣，但是我要告诉你们一些事情。“明年夏天我会和我的妻子去夏威夷。你们是否跟我们一起去，我不关心。你们有什么嘛？我不在乎。如果你们想来，随时欢迎。”他们开始移动。一个孩子说：“你是认真的。”第二个孩子说：“我们要做些什么？你必须得告诉我们做什么。”

我说：“你们做的第一件事是背一首诗。”

这让他们兴奋。

“你们要熟记于心，”我说：“你们明年夏天的机票就是流利有感情地朗诵这首诗。”接着我让他们记下了埃拉·惠勒·威尔科克斯的诗《意志》：

找不到机会

去避免，

遇不到天数

去阻碍，

也没有命中的注定

去控制，

我那一颗坚定的、

决绝的、

义无反顾的心。

他们认为很棒。他们不明白是什么意思。“你想我们学它？我们就学。”接下来的十一个月，每周三的晚上他们都站起来背诵“找不到机会去避免，遇不到天数去阻碍。也没有命中的注定去控制，我那一颗坚定的决绝的义无反顾的心”在那段时间我们着手29个重要的基金募集项目。我们在60天内发现不只有五个孩子。其实有17个孩子。其他孩子刚从困境中走出来。“我知道你们将要去夏威夷。我必须要做些什么？”“你们必须学会一首诗。”“一首诗？你一定在开玩笑。”17个孩子。我们把17个孩子变成城里最好的销售员。我们出售链扣、圣诞花环、灭火器、饼干、奶牛。我们甚至卖掉了一位男子的船——第二天才告知他。

在计划过半时，我们稍稍落后募集计划。大学外边停了一辆老式的D–9履带式推土机。它停在那儿12年了。我们找到主人告诉他：“我们想要你的推土机。”

“你们要它做什么？”

“我们要卖掉它。”

“你确定？我过去12年一直在卖它，都没有卖掉。你卖不掉它。”

“给我们。我们会卖掉它。”

“我告诉你，海勒姆，你卖不掉它。”

我教了他那首诗。他给了我们推土机。我们又找到另一位焊工。

“我们知道你可以切割钢铁。”

“是的，你要干什么”

“ 我们有这个大家伙。我们想把它切成小条儿。”

“那是什么”他问。

“推土机”

“没有人切割推土机。”

我们教他那首诗。他带来他的工具花了一个月时间把推土机切成小条儿。孩子们把小条儿装进借来的平板车。装了9车。我们把它们当废铁卖到钢铁熔炼厂，净赚800美元。

孩子们开始相信诗句的意思。那一年，如果孩子们能够主办一场真的经典音乐会,那将是非常棒的。所以我去找里德·尼布利，全国最好的钢琴家之一，他碰巧住在附近。我敲开他的门说：“尼布利先生，你不知道我是谁，但是我知道你是谁。我有17个童子军的孩子，他们从没有看过一流的钢琴音乐会。我想知道你是否愿意为我我们开一场公益音乐会。我们明年要去夏威夷。”

他笑着说：“我不能为任何人举行公益音乐会。我有合同在身。我做不到。”

“如果你想做，你就能做到。”我说。我们聊了很长时间。他开始对17个孩子去夏威夷的事产生兴趣。我教了他那一首诗。

这对他来说冲击很大。因为他说：“我告诉你。如果你不跟任何人说，我就为你开一场音乐会。“

“我只告诉给我卖票的人们。”

“一言为定。”

他如此兴奋。找到犹他交响乐团的首席小提琴师，铂西·卡尔特说：“这些孩子要去夏威夷。你跟我一起为他们奉献一场一流的钢琴小提琴音乐会怎么样？”铂西·卡尔特觉得兴奋，所以他也来了。

在旅行开始前2个月，我给他们另一个要求：“上飞机你们必须得全身制服。”

“穿制服不酷，海勒姆。”

“上飞机你们必须得全身制服。”

他们照做了。

最后，旅行开始那天。他们已经挣够了超过八万美元。他们没向他们的父母要一分钱。说到离开舒服区。它使我的学业延后了整个学期，不过这很棒。我们去机场，他们看起来很好。新的名牌制服，红色的夹克衫。其中一位孩子的妈妈把他们的名字镶在制服上。当第一个孩子登上联合航空的飞机时，他和服务人员握手，高举机票说到：“找不到机会去避免，遇不到天数去阻碍，也没有命中的注定去控制，我那一颗坚定的决绝的义无反顾的心”这难道不是一首很好的诗吗？“是的，很棒，孩子。”她听了17遍。我和妻子站在队伍的最后。服务人员说，“停！让我告诉你们一首诗。找不到机会去避免，遇不到天数去阻碍。也没有命中的注定去控制，我那一颗坚定的决绝的义无反顾的心”她背得很好。我说，“这难道不是一首好诗吗？”她说，“是的，我们迟到了30分钟。我们可以起飞了吗？”

我们乘坐波音747从洛杉矶起飞。这些孩子从来没有坐过飞机。我们飞过海岸，广播里传来机长的声音：“先生们，女士们，有一个孩子在我的驾驶舱内。他拒绝离开直到我告诉你们一首诗。”

我们在夏威夷度过了愉快的两周。我们冲浪，去珍珠港。有两个孩子差点溺水，虽然没有尝试去救另一个，但是他活了下来。

整个旅途我最兴奋的经历是我们的孩子和来自纳韦达8个孩子的汇合。他们冷酷。他们没有制服，衬衫露出肚脐。他们觉得我们的队伍有一点奇怪。但是最后，我们的一个孩子问了一个问题：“你们怎样赚钱来旅行的？”

回答是：“赚钱来旅行是什么意思？我们的父亲问我们是否愿意在夏威夷玩一周，所以我们就来了。没什么大不了。”

接下来发生的是无价的。我带来的17个孩子围住纳韦达的8

个孩子说："你们的意思是你们不是自己赚钱来旅行的？让我们告诉你我们是如何来这儿的。"他们严肃地告诉他们。

那是1970年，我跟这些孩子联系了好几年。他们所做的事充满了正能量。那年他们学会了关于品行和决心，这些思想深深地刻在了他们的生命里。

20年后，我带着这些孩子——现已成人，和他们的妻子重回夏威夷。虽然不是每个人都能够到场，但是大多数都来了。这是感人的场面，他们每个人站在火奴鲁鲁的餐桌前，再一次背诵那首诗。那晚我们一起聊了四五个小时，他们每个人都给我讲了过去二十年里他们做了什么。那是激动人心的时刻。他们学会了精彩、简单、有能量的信念：一旦你完成你该做的，没有什么可以阻挡你实现目标。

我想这条法则不足之处是我不能给你离开安逸区的决心，去实现你的目标。我不能把它给那17个孩子。决心来自你自身。如果你自身没有决心或者你没成为一个有决心的人呢，你将不能控制你的时间和生活，你将不能经历内心平静。如果你决心通过理清核心价值观、设定目标、离开安逸区、控制构成你日常生活的事件来达到卓越、获得内心平静的话，那么没有什么可以阻止你。

DAILY PLANNING LEVERAGES TIME THROUGH INCREASED FOCUS

法则5 规划每日工作

每日规划做得好，时间宽裕效率高

请跟我一起做一次快速思维练习。回想一下过去十天，问问自己一个问题:“一天我花多少分钟来正式计划这些日子？”洗澡、慢跑、开车的时间不算，虽然这是绝妙的思考时间。我所指的是你坐下来正式规划你的时间，不仅仅是日常活动也包括价值观和优先权。

当你读完这本书我唯一可能让你做的便是每天早上花10到15分钟计划你的一天。如果我能够使你这样做，你将会取得惊人的改变。

时间杠杆

举债经营是一种流行的投资策略。简单地说就是借钱来增加你的投资效益。详细地说就是用利息偿还到期金额，保持利润。成本低，回报高。

时间同样可以被投资经营。投资少量时间在特定活动上实际上可以让你余下一天的时间自由支配。日常计划时间可以当作时间杠杆。每天仅需10到15分钟，一整天你都会受益匪浅，例如明确规定任务的最终期限、增加更重要任务的关注度、节约两个项目之间的时间、一天结束时成就感更好。难道这不值几分钟？埃德温·波利斯在《尽管去做》中说到："花越多的时间计划项目，时间总耗越少。不要让繁忙的工作占据计划的时间。"

五大常见借口

我之所以很重视该问题是因为大多数人不花时间去做计划。也不会投资经营他们的时间。如果计划是控制的关键，如果它是如此简单的概念，为什么还有这么多人忽略它？以下是我们常见的答案：

1. 我没有时间计划。

令人惊讶的是，这是人们不做计划最普遍的原因。几年前，丹尼尔·霍华德做了一项全国性调查。调查结果被写入亚力克·麦肯齐氏的书《时间陷阱》中。它揭露了多数人不花时间去做计划，72%的人给出的理由是："我不计划我的一天是因为我没有时间！"你认可吗？当然不。我们已经认识到这个借口站不住脚。他们真正想表达的是计划不如看电视、读报纸、多睡15分钟重要。他们没有认识到计划的重要价值。可能他们不理解计划会给他们的生活带来多么美妙的影响。他们安于现状，随遇而安，不愿意做出任何改变。如果你无计划地开始一天，你会积极主动有活力吗？假定你有活力。但是你不会控制你的生活。

2. 我已经知道我必须做的，为什么要花时间计划？

总有需要完成的常规任务。有时这些任务会占据我们一天的时间。但是不重要的事怎么办？跟我们核心价值观紧密相关的任务怎么办？如果你问自己想从生活中得到什么，你想在家庭、事业中实现些什么，许多不同于你常规的任务便会浮现。对这些未来的事件，日常计划是必须的、至关重要的。

3. 计划不成功，有过多的干扰。

我们多数人都有这样的经历，刚走进办公室，甚至还未脱掉外套。有人便说："我们需要你的帮助。很紧急。你能帮我们吗？"有时候会这样，甚至还有更多的其他干扰。不可否认干扰是一个问题，但是正如我们第一章讨论的那样，总有办法应对干扰，控制它，让它们变成机遇而不是累赘。总之，把干扰当作计划的借口是站住脚的。

在一个环境中，经常性的干扰是常规的，所以我们要仔细计划，用适当的时间来完成任务。如果你的时间有限，请把任务细化，在其他活动之间挤出时间。

4. 当必做清单很长时我有束缚感。

没人喜欢面对不知所措的清单。然而，解决办法不是不去计划而是让你的计划高效有意义，那么你就会有更多的自由。记住，清单无法控制你，要灵活处理你的计划。有时我们需要“停工期”，因为每天做计划不是绝对必须的。前面我说过如果你想有活力，让电话响着，不要接。电话是一种工具，就把它当作工具，利用它，而不是让它支配你。同样的方法适用于日常计划清单。日常计划只是一种工具使你专注你的目标和优先，别让工具控制你。关注日常计划是成功之匙。记住，计划是朋友不是敌人。它让你有所控制，包括偶尔的休息。既然计划给了你自由和控制的权利，所以好好享受休息时间。

5. 不知如何适当计划。

欢迎加入我们。多数人不知道如何高效地计划。假设我们多数人偶尔做一下计划就能算是我们知道怎样做计划的话，世界上就没有真话了。但是没关系。继续读，在你完成这章之前，你也许不会成为专家，但至少你知道怎么做。

魔力三小时

既然我们已经讨论过为什么要做日常计划，我想你停一下，找出笔和纸，写下你的个人保证。随便你怎么写，但是要保证你每天早上花10–15分钟来计划（特殊情况除外）。

既然你已经完成，让我问你一个问题。你最近用魔力三小时做了什么？你可能正在疑惑魔力三小时究竟是什么。它就是每天早上的五点到八点。你兴奋吗？实际上，我撒谎了。我的魔力时间是每天早上五点到八点。你的魔力时间也许是每天早上十点到下午一点。无论你选择哪三个小时，你要确保它不被外界干扰，以便关注更重要的事。

我想说的是：无论你每天的魔力三小时在哪个时段，最好做计划的15分钟也包括在内。计划时间是增加控制的事件。如果高度重视，我们便绝对能控制那件事。我不赞同“我没有时间计划”，因为它不对。

在我们讨论做高效计划的具体步骤之前，我想让你考虑一下做计划过程中的重要因素。

1. 找一个没干扰的地方

计划时间是思考时间。我们独处时，思路会是清晰的。对我们多数人而言，这个地方可能是上班之前或者下班后安静的办公室。如果办公室不是好的选择，凌晨或者深夜你家某个安静的地方可能是不错的选择。

2. 回顾长期目标

我们容易受琐事牵绊而忽视了核心价值观。每日计划时间让我们注视我们的目标，问自己“我可以完成什么具体的任务，至少何时开始，今天会让我更靠近目标吗？”确保你的每日任务清单助你实现你的梦想。

3. 确保任务量和时间在你的可用时间之内

多数人过多的计划一天。因为我们没有合适的计划，所以在一天开始之前或结束之后，我们都有挫败感。我给你一个简单且行之有效的建议。快速看一下你的日历，看你还剩下多少时间来完成其他任务。50%的时间可能会被不期而至的干扰和紧迫的事占据。然后再根据你剩下的时间来做计划。

4. 给任务设定每日具体目标

详细描述你的任务，如“20分钟健身脚踏车”。模糊的任务只会有模糊的行动。列出模糊的任务就像撒哈拉沙漠里的弓箭。你有弓和箭矢，却没有目标。只有具体的目标才能激励你去做具体的事。

5. 预知阻碍

这并不意味着消极的过每一天，而是要快速地评估一天中的意外之事。尽力去预测会阻碍你完成任务的事。针对它们做计划，至少准备一个合适的应对方案。如同雷达探测，一不小心就可能会毁了一天。

6. 优先排序你的任务

最后一条至关重要。即使最好的计划也有先后之分。未知事件可能让我们无法完成我们清单后面的任务。但是如果我们从最重要的任务开始，我们会稍微满意地知道我们未完成的不如我们完成的重要。

激光思考

优先排序就是决定事件的重要性和先后顺序。高效的计划是必须的。优先排序阻止我们花时间在不在乎的事情上，阻止我们生活中最重要的事被相对不重要的事占据。

我希望你把优先排序当作激光思考。激光思考能够帮助你记住在10–15分钟的计划时间里，你要全心全意回答这两个问题：我生命中最优先的是什么？这些优先中，我最珍视的是什么？

几年前我尝试教孩子们激光思考的概念。他们真的懂了。我非常兴奋直到发现他们认为自己看到了星际大战里面的发射体。

我说："不，这些不是发射。这是激光，是缩聚一起的光。"我儿子说："得了吧，爸爸，光怎么能切断钢铁？"我带他和其他孩子来到海景窗前，拿出放大镜，然后把他的手放在阳光下。接着我把放大镜透过他的手，形成了一个光点。"我想让你们注意光点。"然后我开始慢慢移动放大镜。光点越来越小，突然他大叫一声。"嘿，疼啊！"然后我在六个孩子手上都做了同样的事。他们的手都被轻微烫伤了，然后我们生了火，他们很惊讶聚光的能量。

激光思考就是根据你的核心价值观和目标，把时间和能量集中在日常活动上的过程。如果它们在你脑海中，你将实现你最重要的梦想。我的搭档，迪克·温伍德，通过一位劳工的故事，描述了激光思考的能量。他为俄勒冈波特兰的一家大公司工作。迪克讲到，一天我在商店碰到他，他兴奋地告诉我他决定成为一名牙医。牙医！他怎样才能成为一名牙医呢？那是我的想法，但是我还是友好地祝贺他，接着干我的事。牙医，的确没戏，我觉得。

后来我听说他申请了牙医学校，但是被拒了。因为他的大学积分不够而且他的平均绩点太低。我以为到此为止了。随后，我听说他进入了一所大学夜校修够了足够的学分并把绩点提高到必要的水平。随后，我们举家搬到西雅图大约两年，然后到马里兰呆了两年，大约一年之后我们又重回波特兰。现在你可以推测余下的故事了。

一天路过商业街的时候我碰巧遇见他。他看起来很好。穿着得体。我犹豫要不要问，但最后还是问了。

“我上次看到你的时候，你想进入牙医学校。结果怎么样？”我问。

“额，是的”他回答。“我去年从牙医学校毕业。几个月前，我收到了整牙学的证书。过程虽然艰苦，但是值得。”

当我离开的时候，我在想激光思考的美妙之处——关注未来，计划——就会成功。一旦我们及时弄清最重要的和值得付出的，并付诸努力，我们就可以实现伟大的事。

优先排序每日任务清单

就计划而言，激光思考就是你在每天早上正式地计划时间（根据你自己情况而定），专注你每日计划的顺序。我不再称他为“要做”清单。你使用过“要做”清单吗？“要做”清单是有趣的。你周一列出清单，周五还是原封不动。当你按照清单做完一件事，你要做什么？你划掉它。那感觉很棒，对吧？假设你今天完成了一件任务，它不在你的清单上。你做什么？你加上它，划掉它！你为什么那样做？感觉棒就是原因。你知道为什么感觉棒么？这是一个生物原因。他们做过相关的有趣研究。有一天，我要去看看是谁做了这研究。因为这个研究太伟大了，他们发现当你完成任务并划掉它时，你的大脑会分泌一种叫做内啡肽的化学物质。它会给你带来和注射吗啡一样的快感。那就是为什么会感觉棒，那就是为什么我们写下任务，完成并划掉它。我们喜欢那种感觉。无论如何，我们都要列出每日任务清单，但是我们不叫它“要做”清单。让我告诉你为什么。“要做”清单是需要补充的。它们是那些我们要存活而不得不做的事。你生活中最优先的事基本不会出现在“要做”清单上。

我们叫你的清单为“优先每日任务清单。”如果你现在思考这份清单，它就不会是“要做”清单了。是的，虽然补充清单在那儿，但是其他重要的事也在那儿。以下三步帮你列出一个有意义的优先每日任务清单。

第一步：列出你今天想完成的所有事，包括不紧迫的。现在不考虑任何价值观。你仅仅写上所有事——工作任务、家庭责任、公民义务、教会义务等等。25个任务是第一步。当你觉得这25个任务就是所有你今天想完成的，那么准备进入第二步。

第二步：赋予每项任务价值观。这就是ABC价值观系统。这不是一个新概念。实际上，这是很老的概念，但是如果我们明白其中的每一个字，便会带来更多的能量。当你回顾清单时，至关重要的事标上“A”，即必须完成的任务。如果没有其他意外，你今天就要做A类任务。接着把重要的事标上“B”，即应该完成的事。一天快结束时，如果A类任务完成了，你还有多余的时间，那么就做B类。最后，把相对琐事标注为"C”，即能够完成的事。如果一天结束时，你完成了A类和B类事情，那么就做C类。

第三步：给任务标注价值。最后一次编辑你的清单，优先排序ABC三类任务。优先排序就是决定事件的重要性和优先顺序。这就是说A类事情是最重要的，你标上A-1。下一个最重要的A类任务标上A-2，以此类推。同样的标记B类和C类。

在每日计划时间，你完成了优先任务清单，它会告诉你先做什么，后做什么。如果你不遵循它，那么做清单就是浪费时间。例如，你去上班看到清单上A-1写着，“和杰克探讨他市场计划中的不足，”你也许会推迟它。杰克是你的老板，他讨厌诚实的反馈。你知道如果你不给他说，就会损失公司的一大笔钱，但是你不想面对杰克。所以你接着往下看，看到A-2写着“给PQ公司写建议。”这是大任务。至少需要两小时。所以你接着看A-3，它同样困难。最简单的是C-10，“叫上史蒂文打网球”。你拿起电话。“史蒂文，打网球怎么样？”好的。我请客。一天就这样过去了。一天结束，你获得了安静、内心平静、平衡、和谐了吗？没有。清单上还有什么没做？A-1和A-2，两项价值最大的任务。这就是激光思考的奥妙之处。在特定的时间，你要集中能量完成最重要的事。当你完成清单上最重要的事之后，其他事才能进入你的脑海。

虽然优先排序每日清单是非常有效的工具，但它不是简单的概念。最早最出名的商业故事之一就是关于优先排序计划，发生在伯利恒钢铁公司总裁查尔斯·施瓦布身上。一天，施瓦布和一名管理咨询师艾薇·李聊天。当他提出问题："交给我在有限时间内做更多事的方法，我将给你合理的报酬。"

艾薇·李递给了施瓦布一张白纸。"写下你明天必须完成的最重要的事情，并标出重要值。"他说。"明早你从最重要的事开始，直到它完成。一旦完成第一个任务，检查你的优先，开始做第二重要的事。只要它是最重要的任务，有必要的话你每天都要坚持。如果你没完成所有的任务，别着急。如果你没有决定排序最重要的事，你可能连现在完成的事都完成不了。现在，养成这个习惯。当这起作用时，植入概念到你的管理中。只要你喜欢尝试一下。然后给我送来你认为值得的支票。"

几周以后，该方法被证明是有用的。施瓦布先生给艾薇送去了两万五千美元的支票。在20世纪30年代这是一大笔钱。他称赞那是他学过的最有益的方法。在他的倡导下，施瓦布将艾薇的方法应用到伯利恒钢铁公司的管理上。该方法让伯利恒钢铁公司成为当时最大的独立钢铁生产商。当被问及为什么为如此简单的方法付出一大笔钱时，施瓦布问道："不是所有的方法都简单吗？"施瓦布进一步阐述，这两万五千美元是他当年最值得的投资。

日常计划的工具

如果你愿意，你可以拿出一张纸写下你的优先排序清单。但是这通常不会起到很好的作用。你可能找到你身边的餐巾、信封、现金收据来写下你的日常清单。这些便签纸是最糟的。我知道一些人在办公桌、冰箱、汽车仪表盘上都放有一叠纸。我叫这些纸为"漂浮物"。它们就在那儿毫无作用地等待你去用它们或者弄丢。对那些想更好控制生活的人来说，这是糟糕的事。

虽然你能得到2张白纸、一本日历、地址簿，但是我认为更合理更容易的是同我们每日的任务、目标、价值观相关的东西。这就是为什么我要完善富兰克林日程规划成统一的完整的计划工具。它是传统的工具，把注意和能量集中在对你最重要的事情上。

富兰克林日程规划包含的信息：

a. 每日计划清单

b. 记录每日每月约定

c. 记录每日消费

d. 记录每日评论

e. 写日志和日记

f. 记录每日补救信息，确保不漏掉事件

g. 地址电话目录

h. 保持价值观和目标紧靠

i. 管理财政，控制经济事件

j. 记录关键信息

k. 包含未来6年的日历

l. 在规划单的背面设计6个区域满足个人需求：工作、家庭、教堂、公民活动、报告、即时监控等等

已有超过两百万人在使用该系统。美国有两千八百家公司在使用富兰克林时间管理系统和富兰克林日程规划。这些公司的公司文化都发生了显著的变化。

富兰克林日程规划的核心是日程计划页面，一天两页（下一页就是日程计划页面样本）。在日程计划页面的左侧，你可以填上你的每日计划清单。同样在左边，有一周详细的日历，你还可以在左下角，记录你的每日花费。右边是空白页，这一页是富兰克林日程规划跟其他系统的不同之处，他给我们巨大的能量组织自己的生活。你可以记录电话内容或者会议、备注、收到的任务、地址、电话号码甚至日志目录。总之，这一天所有的一切你都可以记在上面。你可以把必要的信息转到将来的时间，或者记到计

4月16日
星期五

日	一	二	三	四	五	六
				1	2	3
4	5	6	7	8	9	10
11	12	13	14	15	16	17
18	19	20	21	22	23	24
25	26	27	28	29	30	

√ 工作完成　　→ 计划提前
× 工作取消　　G∅ 工作延后
● 进行中

↓	ABC	每日重要工作清单
√	A1	计划和静修
√	B1	练习
√	A3	同EPS签订的合同
√	A2	复习合同
√	A4	同辛迪见面
→	B3	检查账单
●	B2	给艾德打电话
√	B4	给埃尔斯沃斯&协会打电话

每日开支	
午饭	13.53美元

预定计划	
	跑步
8	接受合同 ↓
9	员工会议
10	
11	
12	同贝基午餐
1	
2	
3	市场会议 ↓
4	↓
5	
6	
7	
8	给艾德打电话
午夜	

・已经交流的任务 ・日志记录 ・思想和想法 ・日程安排（电话、会议） ・对话	四月 日常活动记录	4月16日 星期五
1	罗伯特・班克斯博士打电话，约定3月21日2点见面	
	春天饭店——214房间	
	带保险卡和表格	
2	同埃尔斯沃斯&协会商谈	
	下周中期打电话谈论关于报价单的事	
3	联合旅行——南茜	
	休斯敦旅行——联航269航班 上午9:29	
	她将邮寄机票	
4	下周三同辛迪见面，报告草案	

划页的其他部分，例如地址、电话区或者关键信息区或者你专门设立的其他特殊项目区域。

富兰克林系统结合富兰克林日程规划会让你极好地控制生活。让我给你讲个故事来说明这多么有效。

1984年1月的早上，我坐在办公室，电话突然响了。是纽约普华永道公司的一位高级主管，他的名字是比尔·基恩，他说：“海勒姆，我听说你在纽约给美林和中信银行讲过课。我真的感兴趣。但是在我加入之前我想先听一堂课。你在曼哈顿开课吗？”我看着我的月历，确定在五月底我将在曼哈顿为中信银行讲课。

我说：“比尔，我想你可以参加那次课，但是我得先跟中信银行交流一下。”

他说：“海勒姆，那天我刚好有空。你在五月初给我回电告知我能否参加，怎么样？”

“比尔，我很乐意。你希望我哪一天打电话给你？”

电话那边稍作停顿。他说：“海勒姆，我不在乎你五月哪一天给我电话。离现在还有四个月。到时，随便哪一天打给我都行。”

“比尔”我说，“我要知道哪一天。”

“好的，你在10号给我回电吧。”

富兰克林日程规划有注释页面，所以我在1月14日那一页写上“5月10日回电比尔·基恩。”接着我说：“你想我在10日的什么时间回电？”

一段沉寂之后。他说，“海勒姆，随便10日什么时间都行。离现在还有四个月呢。你方便的任何时间都可以。”

我说，“比尔，我需要确切的时间。”

接着他说，“好的，海勒姆，七点半给我回电。那个时候没有秘书，我自己会接电话。”

于是我记下来，接着我做了另外一件事。其实，你不必这么做，除非你想知道细节。我记下了我们的谈话时间，下午四点半。我也记下了通话时长，12分钟。当我们谈话的时候我就完成了这些事情，没花额外的时间和努力。

现在是1月14日。我的日常规划页只有三个月的。剩下的在哪儿？在我家的书架上。这不是问题。离我下一次填写日常规划不到24小时。我一直在我能拿到日程规划页的书架旁边做我的每日计划。所以，第二天早上计划时，我不仅做15日的计划，我也会回顾14日的备注。我一直这样做。猜我发现了什么？我发现了和比尔·基恩的通话备注。我取下我的文件夹，翻到5月10日那一页，写下比尔·基恩。我接下来做了什么？我写下了“1月14日。”随后的四个月我想都没想他。

难道不棒吗？我几乎忘记他。真的。我不必担心忘记或者努力记住他的名字和关于他的事。当我需要那些信息的时候，可以查得到。当你知道你可以忘记一些事的时候，你会有平静感。

让我们跳到5月10日。我们全家都在享受魔力三小时，即早上的五点到八点。五点叫你的孩子起床是很棒的，其他人不会在五点需要他们。那么，猜我在5点15分做什么？我在做我一天的计划。我打开我的日程规划，我的清单上有20条项目。比尔·基恩的名字在第一位。我记不起他是谁。名字对我来说毫无作用。你觉得四个月你会忘记一个名字吗？五天会吗？但是在他的名字旁边我写上了1月14日。这才是找出他是谁的关键。

我花了2秒找到存起来的文件夹，回翻四个月，找到1月14日。它就在那儿。我的备注告诉我要在东部时间早上7点15分给他回电。纽约和我家的时间有两小时时差，我一看表，现在是5点23分，于是拿起电话拨通他的号码。他是对的，没有秘书在，而是自己接了电话。我说："早上好，比尔，我是海勒姆·史密斯。纽约现在几点了？"

他说："好的，稍等。"

我接着说，"1月14日下午4点半左右我们有过一次12分钟的谈话。您还记得吗？"

他说："记得。"

这是一个厉害角色。他是年薪过百万的主管，他负责培训29,000名会计师。你知道那时他记录事情用的是什么吗？一本黄色的便签本。他来到中信银行的课堂上，坐在最后一排。结束后他找到我说："海勒姆，秋天我有两场高级合伙人的公开课。我现在没法给你确切的时间。你愿意在8月份打电话给我吗？"他像疯子一样在他的新的日程规划上写着。

"我想我最好记下来。"我说。

"最好这样。"

所以我记了下来。当8月的约定时间到了，我直到那天很晚才给他电话，就在5点之前。"是海勒姆吗？"他说。

"是的，我是海勒姆。"

"海勒姆，你稍等两分钟，我翻看下我的日程。"

他在日程规划里记录下了我，把我排在8月某一天的每日任务清单上面，给了我优先权。如果我没有打电话，就说明我不会有课程。但是我打了，所以我们在普华永道公司的培训超过了六千人。比尔·基恩成了我最亲密的朋友之一。

尽力把这种经历融入你自己的工作。如果你是销售员，难道这种控制不会增加你的销售额？难道你的客户不会对你有更加深刻的印象？计划本身重要，但是我们不可否认设计优良的工具给你带来的高效。你能想象，如果你记录的日常任务在一页表格纸、黄色便签、便条上，你会有类似我和比尔·基恩的经历吗？

高效地使用计划工具

如果你想控制你的生活，使用计划工具有6条简单的原则：

1. 随身携带你的日程规划

如果你不随身携带，而只是随便写在其他纸上，则会变得无序。既然你把价值观、目标、每日任务清单都放在这个工具里，你就需要随身携带。人们一直问我："海勒姆，如果它这么重要，要是我弄丢了怎么办？"我告诉他们，"听着，如果你弄丢了，你就想从高楼上纵身跳下，因为全完了。"当然我在开玩笑。但是，如果你恰当使用它，它会变得必不可少。

你想带着你的日程规划去度假吗？是的。你会做每日清单吗？也许不。我通常6月会在火奴鲁鲁休假。我必须要讲两堂课。但是我仍然还剩下29天。A-1——计划和独处。A-2——享受当天剩下的时间。内啡肽疯狂分泌。金钱的流失是对假期最大的摧毁。你也会担心休假结束之后要做什么。

你躺在沙滩上，大型项目在你脑海里回荡。也许你对新产品有绝妙的新想法，在你回去之前你不想失去那个想法。你会做什么？你回到旅店，找出你的计划，记下来，然后回到海滩，忘掉它，继续享受剩下的时光。你可以这样做，因为无论是什么在你脑海里回荡，你现在已经把它记在计划里了。

2. 使用一个日历。

如果你把事情写得到处都是——家里墙上的日历、办公室的日历、口袋日历或者更详细的日历上，会发生什么？首先，你浪费时间。因为你得随身携带，相互协调。第二，因为很难随身携带超过一个以上的计划工具，你会让一些事情偷偷溜走。

有时主管们会问我怎么做，因为秘书每天计划他们的工作。我告诉他让别人控制你的一整天这是巨大的错误。永远不要让别人来计划你的一天。相反，你应该在月初坐下来和秘书聊聊。这大约要五分钟。你打开你的日程规划说："你可以这样安排今天早上、那天下午、那天早上。"然后在你的日程规划上标记这些早上和下午。在和秘书核对之前，不要计划任何事情。

3. 每天计划

几乎毫无例外，如果你想控制你生活中的事，你必须使用控制工具。木匠不会因为厌倦锤子的重量而丢下锤子，用手敲打钉子。他们会不时的休息一下，但是他们用正确的工具做正确的工作。

4. 使用好的参照系

我们用一个假设的例子来说明。我打算在12月5日买一辆乌黑的奥兹莫比尔牌汽车。一位名叫鲍勃的代理商朋友打电话给我说，"海勒姆，我有你下周想要的奥兹莫比尔牌汽车。它很漂亮，我还能给你特价。我以15,500美元的价格卖给你。你可以在1月6号早上八点到手。”“好的。”我说。但是假期飞来飞去，我很快忘记了我们的谈话。

最后，1月6日临近，我早上在日程规划看到的第一件事就是和鲍勃的约定。我八点去代理店，但是我的朋友出城了。他的一名售货员带我看车。鲍勃是对的，我非常喜欢它。我决定买下那辆车。销售员说他能以17,000美、10.5%的利息卖给我。虽然我不能确切记得鲍勃的报价，但也不是他的这个报价。我随身携带这日程规划，我打开它，在1月6号那一页。在我与鲍勃的约定旁边，有一行小字，12/5即是12月5号。我翻回12月5号那一页，在右边注明了鲍勃·加尔夫，名字下边写着数字：$15,500和9%.

“你知道吗？”我对销售员说。“在12月5号，我和你们的老板聊过。我们在下午4点17分聊过10分钟。他说他以15,500美元，9%的利息的卖给我这辆车。”销售员惊呆了。他如何同一位能精确说出准确时间和通话时长的人争论呢？

你看，当我在电话上或者跟某人面谈时，我通常记录在我的日程规划上。如果后来我知道我需要那个信息，可能下次遇到那个人，我在下次约定旁边增加注释，会引导我回到上次谈话。

现在，括号可以用作其他用途。它们可以在任何场所记录——办公室、家里、汽车、船上。假设你正专注于一个项目。

这个项目持续六周，你有一个动员会。你会把会议注释记在计划表格的右半边吗？不，因为你不必查阅你的日程规划来寻找关于该项目的注释。你可以在一个地方找到所有的注释——项目文件夹。所以，你不要记录在右边半页，你应该写在后面一个特殊的区域，你取名为“项目文件夹”。如果你的老板下周四早上做项目总结，你打开你的日程规划写下你老板的名字，名字旁边写上早上8:00，并在括号里写上“项目文件夹”。

5. 使用主要的任务清单

主要清单是用来提醒你本月该完成的任务，任务价值不高但是需要完成。让我给你举个例子。你坐在办公室，突然你的脑海里浮现出你的车库。车库里面一团糟，连站脚的地方都没有。你知道你真的应该打扫车库了。我不想这个月或者下个月打扫。我想在6月打扫。所以你翻到6月主要任务清单写下“清扫车库”。因为你记下来，你感觉很棒。一周浏览一次或者两次你的主要任务清单并问自己：“有什么任务可以挪到每日任务清单上的吗？”在六月底的时候，你的潜意识告知你应该移动任务了。你把它计划在6月的最后一个星期六，你做了。当你完成的时候，你感觉棒极了。

6. 使用每月索引

每月索引方便你找到你的任务。假设现在是6月12号，你走

四月索引

日期	重要想法、时间、思想等的索引
2月3日	地板估价
4月3日	度假计划——休斯敦
3月11日	罗斯的工作计划
2月14日	特雷萨的指示
3月16日	度假计划——休斯敦
5月20日	鲍勃的路线
2月23日	同埃尔斯沃斯谈话的摘要

在大街上，看到海报上有一首引人注目的诗。你把诗写在你的日程规划上。什么东西不会出现在你将来的每日任务清单上？诗。所以你在每月索引上写上关键信息“6月12”提醒你想起那首诗。如果你正在准备九月份的演讲，你想引用那首诗，可是你就是想不起来。你会怎么做？你快速浏览过去几月的每月索引，仅花几秒钟，就找到了6月份的索引。翻到6月12那一页，然后抄下那首诗。

你也许听过维多利亚·布雷登。他是一个很棒的人，后来成为我的密友。维多利亚在加利福利亚的科托带卡有一所网球学校。几年前他给我电话说：“海勒姆，我是维多利亚·布雷登。你知道我是谁吗？”

“当然知道，”我说，“你在网球杂志上出现过。”

“我想让你为我的网球学校的教练们讲一堂课。你愿意吗？”

我说，“维克多利亚，我愿意。你想我什么时候来？”

“我真的不知道。”他说。“我能在几周之内给你答复吗？”

“随时打给我。”我说。

我不知道他什么时候会给我来电，所以我没有记录在将来的每日任务清单上。我也不能记在月历上。所以我记载了每月索引上。六周以后他给我回电了。“海勒姆，我是维多利亚·布雷登。记得我吗？”

我想，天啊，我什么时候跟他说过话？我拿出我的索引，迅速查找，找到了他的名字，翻到那一页。这只花了几秒钟。他仅仅说了两句话。我说“等一下。维克多利亚，我清楚的记得那次谈话。六周之前一个下午的4:30，我们通话10分钟。”

“你怎么知道的？”他说。

“因为我无所不知。”我笑到。

他惊呆了。

你看日程规划不仅是帮助你计划每一天的工具。他是一本书，有十二个章节。每个章节有索引，以便你能轻松的找到你需要的信息。

这些简单的规则可以帮你更高效地使用你的日程规划。当你在选择计划工具的时候你应该考虑这些规则。富兰克林日程规划能够很容易使用这些规则。不管你使用什么工具，都需要全面的设计来避免杂乱，它需要包含所有跟你的任务和其他事件有关的信息。我们设计的富兰克林日程规划包含所有你能想到的信息以便你能管理生活中的可控事件。

本章所涉及的法则和建议是很具体的，但是他们适用于个体情况和性格。最重要的是你在做计划并将之排序时，你有高效执行计划的工具。如果不这样做，你的日常活动将会背离你的目标和价值观，从而效率低下，生活满意度下降。

计划是能帮助你分配时间的简单工具。优先排序计划是一个集中你的能量和活动的工具，从而确保你的时间投资获得最大效益。如果你遵循这些法则，你会变得更高效，会经历内心平静。

一旦你建立个人生产力金字塔——弄清你的价值观、设定长期目标、中期目标、每天花10－15分钟计划每日活动，你就会经历真正的考验。承诺是好的。坚持承诺又是另外一回事了。选择是你的。你可以安于现状，也可以追寻你真正想要的。这将取决于你。唯一不同的就是性格。

性格

性格，简单的说，就是说到做到。较正式的定义为：性格是一种能力，在情感上已经做出决定并将有价值的决定付诸实践。

在我从事培训工作之前，我管理自动化数据处理的市场部。每天早上9:30上班的时候我无意中养成了一个习惯。我会下两层楼来到自助餐馆，墙边有一台自助糖果机。我将硬币投入投币口，收到一块健康糖果。你听过健康糖果吗？它们非常美味。有一次，我站在糖果自助机前，听到一场对话。两位同事穿过房间在讨论我，他俩以为我听不到。“海勒姆胖的像猪一样，对吧？”一个人对另一个人说。我停顿一下，把钱放回口袋里，看一下是谁在讨论我，他们走得太快，我没能看到。你要知道我体重达230磅，偏重30磅。

我妻子两年前就让我减肥了。你也要知道我妻子是位很棒的运动员。她在大学的跳远记录保持了9年，她还是篮球和排球队的。她的身材一直很好。这让我有点抓狂。你还记得我之前说过的我的魔力三小时吗？早上6:00–7:00之间，我和妻子会和8名男子打篮球。他们会先选她。

那天我给妻子打电话“你会高兴的，”我告诉她，“我要减掉30磅。”猜她有什么反应？无所谓。我决心要完成那个目标。但是你知道我的决心持续了多久吗？8小时。那样坚持8小时后你会有什么样的感觉？你变得饥饿。你走到冰箱前，打开冰箱，取出你手上能拿下的食物，全部吃光。那天我体会到了自律。史蒂芬·柯维在《高效人士的七个习惯》中定义自律——做出承诺并保守承诺的能力，包括对我们自己的承诺。我很快意识到信守承诺需要很大的努力。自律不是你一时能获得的东西。即使艰难的时候，你也要坚守你的个人行为。习惯的力量会起作用。

习惯的力量

无论我们喜欢与否，我们都有习惯。即使习惯通常让我们待在安逸区而不能实现我们的梦想，但是习惯也有很多好处。事实上，没有习惯，生活便是噩梦，每一次我们都必须做有意识的决定。没有什么是自动的。我们必须考虑刷牙、梳头和开车。如果我们所有的行动都是有意识的，我们会被必须处理的信息弄得麻木，我们完成的任务会很少。习惯让我们没有任何压力地完成成千上万的任务。和习惯唯一相关的问题是：我愿意养成良好的习惯还是恶习？这是另一种选择。下面这首诗表达了我们是让习惯做我们的仆人还是主人。

习 惯

我是你不离不弃的伙伴。

我是你得力的助手或是沉重的负担。

我可以带领你前行也可以拖你到失败的深渊。

我随时等待你的号召。

多半的事全得益于我的效力，

让它变得有效率又准确。

我如此容易运用，请你坚定地和我站在一起。

展现你要做事的毅力。

经过一些历练，我一定会做得很漂亮。

我是所有伟人的仆人。

也是所有失败者的始作俑者。

伟大的人，会因为我而伟大。

失败的人，会因为我而失败。

我不是机器，

虽然我有机器的精准，但我更有人类的智慧。

你可能因我而盈利，也可能因我而毁灭，

但于我都没有任何改变。

带上我，训练我，坚定地习惯我，

我便带给你整个世界，任凭你驰骋。

轻视我，我可能毁了你。

我是谁？

我的名字叫习惯。

在生活的各个方面，培养好习惯是有意识地规范我们的行为。这种规范有两种明确的方式。好习惯与你的核心价值观一致。如果我是一个有个性的人，当外部环境改变时，无论有多么舒适，我的好习惯都不会改变。

教士

我最重要的核心价值观是："我全心全意热爱上帝。"我向上帝表达爱的途径是祷告。我的核心价值观促使我养成祷告的好习惯。我的品行告诉我我不能因为外部条件的改变而改变我的习惯。我的习惯是跪在床边祷告。我发现这是一个好习惯。当我在路易斯安那州的博加堡接受训练时，这个习惯却很难坚持。

因为越南战役迫在眉睫，许多人去参加训练。兵营拥挤不堪。我不知道你之前是否见过兵营——屋顶、四面墙、两层楼。40个青年共住一层，但是由于战争，60人一层。在兵营的两边有双层铺位。铺位大约2-3英尺宽。当我睡觉的时候，我必须侧着身子。

我被安排到房间最里面靠右的上铺。第一晚上10:30，我感到羞愧——没有头发、绿色的军服、所有的一切。当我爬上床的时候，它提醒我该做祷告了。我环顾四周发现没有人在做祷告。我站在那儿挣扎12分钟是否要跪下来祈祷。

我对自己说："上帝不会介意的。毕竟，在上铺下跪是很困难的。我觉得他会理解我的。"

我经历了整个挣扎过程，最后我认识到这不是上帝是否在意我在哪儿祈祷的问题。我意识到我不应该屈服于外部情况。所以我深呼吸，跪在我下铺的床边。他已经上床了，他像看见外星人一样看着我。当我说："你介意我借用你的床位祷告吗？"

也许他过于惊讶眼前的一幕，于是简单地说："好的。"然后他起来离开了。虽然我一直不明白他为什么离开，总之我祈祷的时候，他不想在场。我跪下并祷告。我记不清祈祷了什么，但是我感觉到了异样的宁静。我感觉到人们指着我说："他在做什么？"

第二天晚上我就感觉容易一些。第二天早上，大家都叫我教士。事实上，我余下的军旅生涯都被叫做教士。我跟我下铺的兄弟养成了一个习惯（可以这样说，他成为我好习惯的一部分）我碰碰他的肩膀，他就会起床离开。第四个晚上，当我在祈祷的时候，一位兄弟走过来说："嘿，我可以帮你找你要找的东西吗？"

我说："谢谢，不用。我正在祈祷。"你应该看看他的脸。他回应了我的行为。

从那以后有许多美妙的事，包括营房里面最凶悍的人都确保在我每晚祈祷的时候，保持安静。但是我得到最重要的经验是良好的习惯可以帮助你度过艰难的环境——特别是在当你坚持方案和坚守承诺不便时。

信守承诺是一个充满力量的良好品质。虽然通过这本书，我可以教你一些关键的自然法则来控制你的生活，也可以给你一些必要的工具。但是我不能给你使用它们的强烈意愿。你必须在你自己身上寻找。然而我所能做的就是给你保证。坚持21天尝试这些理念，如果你认真对待它们，我保证你会减轻很多压力。为什么？问医生。医生会告诉你减压的最好方法是控制生活。如果你尝试这些理念——弄清你的核心价值观、设定目标、制定并优先排序你的每日计划，你会感到控制生活所带来的效益。你会更高效，自我感觉会更好。随着这些方式的增强，你会发现更容易信守承诺。因为你的每日行动反映了你的核心价值观，你会经历越来越好的内心平静。

第二部分

管理生活

Managing Your Life

目前为止，我希望你感觉到你在内心平静之路上正取得进步。如果你遵循了第一部分总结的建议，那么你已经弄清了你的一些核心价值观——这些事在你生活中有最高优先权。你要明白确保日常活动反映核心价值观的重要性。你已经确定一到两个长期目标来帮你实现你的一个个核心价值观。你已经确定一些中级目标来指导日常活动。你已经致力于常规的日常计划、使用日常计划工具，这会帮你把价值观、目标、任务、约定、其他信息和你生活中的事融为一体。

那么，你拥有了所有必须帮你实现内心平静的必要法则和方法了吗？某种程度上来说，是的。如果你能遵循总结的体系，我可以保证你会更好地控制你的时间和生活，你同样会经历更好的内心平静。

但是我们还有更重要的问题，那就是我们在本书第二部分要讨论的要旨。我在法则2中讨论的核心价值观确实有点简单，以便我能为生产力金字塔打下一个简单易懂的基础。但是弄清个人核心价值观不只是理解这些价值观之间的复杂关系，还需要详细的每日行为。例如，为什么一些有非凡核心价值观的人有时行为会表现得恶毒？价值观和行为之间的确切联系是什么？我们已经谈论过如何构建生产力金字塔来连接你的日常活动和核心价值观。但是为什么我们必须构建那种连接？为什么我们的价值观不自动地指导我们的日常活动？换言之，为什么生产力金字塔是必要的？

生活中有许多事情，生产力金字塔有时会帮助我们重新审视情况。在航拍技术出现之前，测量员为了得到精确的测量数据，需要在两端分别插上地标。同样地，我们在第二章要从不同的观点关注目标，寻找内心平静。以下的五个自然法则会更深地挖掘我们自己，使我们更好地明白为什么要重视我们的行为，我们为什么要那样做，怎样改变我们的信念。

我将向你介绍一种有效的行为改变工具——现实模式。通过这个模式你可以控制你的信念和行为。最后，我将教你如何将现实模式、生产力金字塔这两种模式结合来追寻内心平静。接着，我们回顾我们谈论过的事。我会尽力以更广的视角谈论它们。

YOUR BEHAVIOR IS A REFLECTION OF WHAT YOU TRULY BELIEVE

法则 6 检视行为与信仰一致

行为是真实信念的反射

到1988年，我们富兰克林时间规划公司的主要产品是时间管理课程和富兰克林日程规划。我们关注着我们的信息对客户生活的影响。效率提升，通常是显著的。许多学员写信告诉我们他们生活中所发生的重大的可测量的变化。经理们报告说他们的效率显著提高，公司文化发生了积极的改变。我们所教的自然法则和方法比我们参加课程的经历效果更好——首次培训之后便在人们的生活中长期起作用。

那时，我们每月现场教授一万人，并看到了他们生活中的巨大变化。除了在课堂上学到的东西，我们想知道人们内心的经历。毕竟，成功的生活管理通常会带来改变。所以富兰克林时间规划公司开始认真调查人为的永久性行为改变。我们的努力成功造就了富兰克林现实模式—— 理解动机和行为的简单的强大工具。我们现在在多数的高级课程中教授这种模式。

富兰克林现实模式提供直观图解释说明为什么你会表现出这种行为。它最大的价值是帮助你看清你的信念和行为之间的联系。一旦我开始教给人们这种模式，我发现它是非常有用的工具，能够帮助人们做更好的决定和改变行为。我发现只有涉及自身利益时，行为才会发生改变，也许这种模式可以帮你看到如何改变才会使你受益。

以下是该模式的不同部分。如果你看不明白，不要着急。我们先看每一个不同部分然后再回来看整个模式是怎样起作用的。

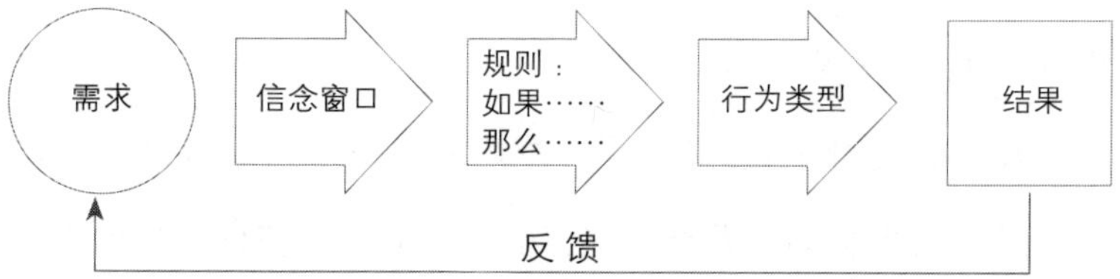

第一要素：需求

如果我们只从物质角度看，人们真正需要的是空气、水、食物、住所。心理学家声称生理需求是必须的。这些生理需求会持续迫使我们从事一种或另一种行为。我们所从事的一切都是为了满足这些需求。有好几种人类基本需求的观点，我喜欢墨里·班克斯的观点。这种观点在20世纪50年代比较流行。他归纳了四种基本心理需求：

1. 生命需求
2. 情感需求
3. 重要感需求
4. 经历多样化需求

生命需求

没有人会对天生的生命需求有争议。老年人不顾糟糕的身体状况垂死挣扎就可以证明这一点。新生儿为了存活克服重重困难也可以证明这一点。

几年前我的一个朋友生了个早产3个月的儿子。宝贝仅重两斤四两。因为肺功能发育不全，他的存活几率很低。虽然在医学界拯救他孩子的性命是一个奇迹，但是如果没有我朋友在他儿子身上看到的“坚强的存活意志”，所有先进的科技都不会有用。尽管有肺部缺陷和其他问题，小孩子斗争了几个月都没有放弃。在这个早产儿脱离呼吸机以后，医生告知我朋友他的儿子每天仅呼吸消耗的卡路里就和成人等量。很容易停止斗争并向死亡屈服，但是他内心拒绝死亡。这个早产儿顽强地与病魔抗争，现在已经三岁了。

生命需求存在于我们每个人身上。我们渴望活着，这种渴望不是我们意识抉择或者害怕死亡。它是很强烈的自然本能——如此强烈以致我们感觉我们的生命处在危险中，我们会不加思索地做许多事。

我们也想感觉安全可靠，那会放大我们的存活愿望。当我们感觉安全时，活着的愿望体现在我们寻求稳定的工作、努力保持健康、经常锻炼甚至合理投资。

情感需求

我们知道新生儿如果不从摇篮里抱出来，在摇篮里待上一天，他就会失去活力甚至死亡。爱与被爱不仅仅是愿望，它们可能是最有影响的需求——甚至比生命需求更强烈。很多人愿意置自己的生命于不顾去拯救所爱的人，就像我们之前讲过的跨过I梁。

几乎没有什么能比孤独更具毁灭性的折磨了。那种被遗弃、没有爱和被爱的感觉是痛苦不堪的。有些人会因为没人爱而自杀。他们的孤独和缺乏持续情感难以忍受，甚至想结束生命。

我们很努力地去赢得爱。我们加入不感兴趣的群体，因为那会给我们归属感。我们和他人协同做与我们无关的事；我们忍受不喜欢的行为；我们为丈夫妻子和朋友做出巨大牺牲——因为我们渴望爱。

爱让世界变得美好。没有爱，生活平淡，无法忍受。拥有爱，我们所见所为都充满意义。爱是世界上最强烈的动机。它让我们去工作、赡养家庭、克服不良行为。它是一种强烈的需求。

重要感需求

“嘿，爸爸、妈妈！看我！”

从我们早年开始，当我们第一次意识到我们是独立独特的人时，我们有天生的重要感需求，想得到别人的关注。随着年纪增长，我们的这种需求也随之增加。我们做一些好事或者坏事来引起他人的注意。如果我们得不到他们的爱，我们至少要得到他们的尊重。

人们有如此强烈的重要感需求，他们有时候会采取极端的行为。例如，萨达姆·侯赛因为了满足他的重要感需求让国家处于危险之中。阿道夫·希特勒也贪得无厌地渴求重要感。谋杀和盗窃犯的动机其实就是在高呼:“看着我！我做的！”在许多案件中，罪犯留下很多明显的线索，因为他们想被抓住。他们想让别人知道他们的所为。类似的，人们为了获得吉尼斯纪录而做一些荒诞的事，也就是在说：“看我，我做的！”

孩子很坦诚直率地表达他们的重要感需求。参加钢琴比赛、篮球比赛或者考试成绩优异，他们似乎急切地在家人朋友面前展示。他们如此优秀，如此需要称赞以致我们成人不能拒绝给予。

我们都需要感觉重要，成人和孩子一样需求。但是成人已经筑起寻求称赞的文化壁垒。感觉重要也还行，至少不会很明显。我们渴望喊叫："看我！我做得好！我重要！"但是这样的行为被看作是自我主义。所以我们通常会用不明显更麻烦的方法去吸引别人的注意。

经历多样化需求

单调的生活是无法忍受的。因此，我们不会穿着一样——事实上，多数人不会连续两天穿同样的衣服。我们吃各种各样的食物。（你能想象每天都吃最喜欢的食物是多么可怕吗？）我们读新书、看新电影、交新朋友、听新音乐、去新地方度假、看球赛等等都是在享受生活的多样性。没有多样性我们不能成长。如果我们日复一日重复同样的经历，收入同样的感知信息，那我们就不是一个真正的人。

多样性是一个紧迫的需求。有时我们会以其他三种需求为代价来追寻它。我们冒着危险去跳伞、攀岩、蹦极、甚至更危险的追求。我们追求新的经历的时候会也许会伤害到家人或者朋友。

有时我们寻求多样性而违背社会、法律的禁忌，会失去尊重。

生命、爱、自尊还有多样性是我们内心深处的基本需求。多数的人类行为可以被解释为试图满足其中一个或更多的需求。

需求转盘

四种需求可以被放在圆的四个象限里，因为他们相辅相成，我们的生活顺利前行犹如滚动的车轮。

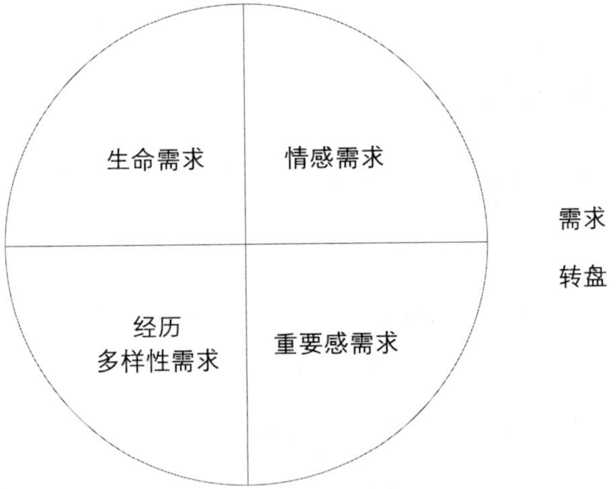

不幸的是，四种需求几乎不能同时满足。当一个基本需求需要被注意时，转盘转动然后停下来。这时，我们开始集中我们所有的能量和注意去满足这种需求使转盘再一次转动。

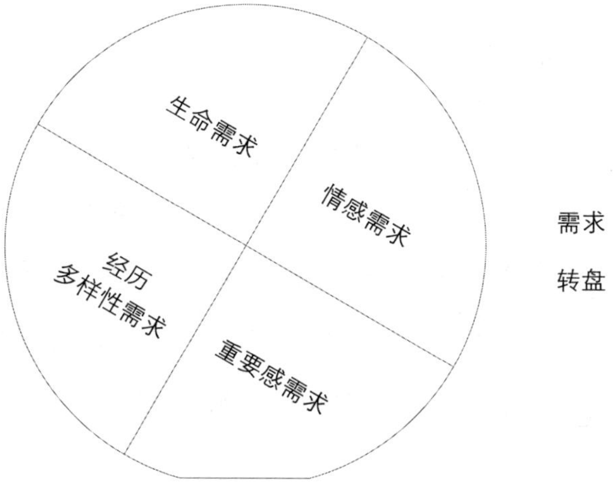

育有早产婴儿的那位朋友在一年多的时间里，集中他生活的全部精力去照顾小孩，因为此时他的情感需求是最紧迫最重要的。他们牺牲了自己的健康、经历多样性需求直到孩子长到一岁多，那时他们的生活才回到正轨。

当然，从病理学的角度，这些需要永远不能满足——这个洞深不见底。阿道夫·希特勒妄自尊大、他的重要感和权力需求非常强烈，以及于没有什么东西能够满足。他已经不满足于仅仅成为德国的元首——他必须要从捷克、波兰、奥地利、法国和斯堪的纳维亚半岛获取新领地。接着，他还不满足，还企图征服俄国、英国和美国。

第二要素：信念窗口

我们的四种需求驱使着我们。“需求转盘”没有固定的方向。他能随意滚动。我们一些人的生活就是追寻满足一个个的需求。当一个需求有麻烦时，便转到另一个需求。多数人被财富、权力、服务、艺术等驱使。为什么我们的基本需求会有如此多样性的回答？为了找到答案，我们需要把需求转盘放到更大的现实模式环境中。

需求转盘是该模式的第一要素，因为一切始于我们的基本需求。然而，我们满足需求的方向来自我们的信念。现实模式的第二要素是信念窗口。我们每个人都有信念窗口。你的信念窗口就在你面前。每次你移动需求转盘信念窗口也随之移动。你透过窗口看世界，你通过窗口接收信息，你通过窗口相信世界、自己或者他人。例如，通过你的经历或者社交反馈，你相信你是聪明的、愚昧的、漂亮的、丑陋的等等，不管这些信念是真是假。信念强烈影响你的行动和行为。

大多数信念窗口的信念能满足你的基本需求。“吸烟引起肺癌”紧密联系着生命需求。“昂贵的车可以提升我的形象”这个信念有助于提升我们的重要感需求和情感需求。

你的信念窗口本身有好有坏。它犹如容器一样盛着你所有的信念。通过窗口，你做了成百件你认为正确的事。在信念窗口的信念数量是跟你的经历也就是年纪息息相关的。年纪越大，信念越多。

你的信念窗口上有什么

在你的信念窗口上是你认为正确的模式，这都是你看待世界、自己和身边事物的方式。它们也许简单明了：“物体会从高处降落。”这些例子通过科学的测试，被认为是“正确”的信念——反映了事物的实质。这样的信念被认为是“自然法则”。“女人比男人有同情心”的信念也许不是那么绝对，但是广泛适用。又比如说，曾经多数人认可的“地球是平的”这一信念后来被证明是不正确的。有时我们的信念准确反映了现实，有时却不是。我的信念也许会被科学证据支撑，另一些也许完全是我们自己主观的看法。重要的是要记住因为我们相信他们都是真的，所以我们才会那样行动。

信念可以反映我们的价值观

我们相信的事通常反映我们的价值观。实际上，如果我们客观地分析我们的信念，我们可以推出我们从未意识到的价值观。信念的一些例子反映了我们的价值观。记住多数这样的话题没有绝对的真理：

流产

- 未出生的孩子是一个人。
- 女人有权选择怎样对待她肚子里的孩子。

军队构建

- 冷战结束了，我们应该大幅削减军费。
- 俄罗斯威胁存在，我们应该保持相应的军事预算。
- 虽然冷战结束，但是还有其他威胁。我们必须保持先前的军事力量，但是我们应该具备灵活的军事应变能力。

教育

- 学校教育是基础。
- 学校教育过于传统，需探寻新的教学方式。

类比价值

- 不管法律和需求，人们应有其自身作为人类的价值。
- 由于市场原因，不可能有绝对公平的报酬。

- 一些人就是比另一些人有价值。

同性恋权利

- 一个人的性取向是固有的，不能被改变。
- 同性恋是一种行为。

政治

- 政治体制有问题，我们应该摧毁重建。
- 我们的体制不完美但却是世界上最好的。

男女关系

- 男人讨厌女人。
- 女人应找到她们的定位。
- 女人应在家里。
- 女人和男人有同样的影响力。
- 女士优先。

宗教

- 上帝只会拯救那些把耶稣当作救世主的人。
- 只要你是好人，上帝不在乎你所相信的。
- 上帝不存在。

音乐

- 摇滚乐是疯狂的。
- 摇滚乐吵闹而无害。

- 摇滚乐有害身体。
- 摇滚乐不是音乐。
- 乡村音乐才是真正的音乐。

家庭关系

- 无论我做什么，爸妈永远爱我。
- 父母永远不理解我。
- 父母影响我的成长。

自尊

- 我作为人类的价值：
  — 他人的称赞
  — 我所拥有的
  — 我的工作
  — 为人处世的方式
  — 配偶
  — 以上任意的结合
  — 以上都没有

责任

- 我被外界力量控制，我无能为力。
- 一切都是我的错。

很明显清单不够详尽。它仅仅帮助你认识一些跟你生活相关的可能信念。大多数信念反映你的价值观。例如，“怀孕的胎儿是一个人和女人有权选择如何对待肚子里的孩子”来自两种截然不同的价值观。因为信念指导行为，所以生活中会有很多冲突。双方都认为自己是对的，因为他们根据他们的价值观判断他们的行为。

人人都有正确、错误、可争辩的信念影响行为。我使用的是“正确”和“错误”而不是“好”或“坏”来试图判断信念。如果信念反映了自然法则和现实，它会被称为“正确”。如果不植根于现实，就不会起作用，也许就被称为“错误”。一个信念也许是主观的判断，一个观点，但绝不是正确或者错误的信条。关键是弄清我们的信念然后改变那些不正确不合适的。

我们一直不相信我们可以通过行为测试我们的信念——去判断是对是错或仅仅是观点。科学家就是专门测试信念的（他们称之为假说或者理论）。由于他们的努力，许多错误的信念被正确（或者至少是较正确）的信念所取代。

相反的，我们的个人信念问题是我们把信念放在我们的信念窗口上，并且认为它们是绝对正确的，根本都不知道它们是否真正地描述了现实还是在误导。缺少测试会给我们带来麻烦，尽管它们看起来很可靠，指导我们生活的信念好像都是正确的。

除了个人信念窗口，我们也要知道还有一种集体信念窗口。

这种窗口充满的是共同的目标，例如工作。当我们同时看两个窗口时，我们也许会发现两人的信念会有冲突，那么我们需要选择更高优先权。公司的企业文化代表着共同的信念窗口，你会发现你的员工坚守着同一个信念。如果你的信念说："个性和创造力是重要的"那么你就要选择你遵循的信念。如果你选择适从，你会感觉极度沮丧。如果你在选择特立独行，你也不会被看好，不会被晋升，因为你会被看作不合群。如果通过这两个窗口，你看到他们身上的冲突，你也许会选择雇佣新的员工——个人信念和共同信念和谐融洽的人。

第三要素：规则

对于你的每一个信念，你都会无意识地建立规则来控制你的核心价值观。"如果……那么"的规则把你的信念变成行动。例如，如果你相信"所有杜宾犬都是凶残的"（这很显然和我们四中基本需求之一——生存需求密切相关），你就会立即建立规则来控制你关于杜宾犬的行为。虽然这些规则多是半无意识地存在，但的确存在。

源自信念的规则可能是这样的："如果杜宾犬是凶残的，那么当我看到没有栓绳的杜宾犬时，我会逃走，躲开。我每次都会这样做。"另一个规则也许是："如果杜宾犬是凶残的，那么我永远不会养杜宾犬。我会买一只其他温顺的宠物狗。”

你应该理解该模式的前三个要素——需求、信念窗口、规则，通常在你的意识里，没有人知道发生了什么，甚至你也看不到。规则在潜意识层面运作，当我们处境危险时，我们会本能地做出反应。

第四要素：行为类型

该模式的第四要素是“行为类型”。它是我们身体行为的方式。因此，从这个要素开始，它起的作用是看得见的。

让我们回到信念“杜宾犬是凶残的”，如果你带着这样的信念走进我家院子，我有一只没有栓绳的杜宾犬，你会怎么做？规则会指导你的行为。你会跳出围墙，爬上一棵树或者快速跑到门口。如果你不是迫切想见我，你也许会回到你的车里逃离这个鬼地方。

第五要素：结果

该模式的第五要素是“结果”。该要素让该模式成为有力的工具帮你控制生活。注意“结果”有一根回到“需求”的“反馈”箭头。如果你的行为结果满足你的需求，反馈就会告诉你一个正确的信念或者无害的观点。如果需求没有被满足，这就暗示你应该密切关注你的需求和信念。但是你如何知道你的需求被满足了？你唯一的方法就是将你的行为进行测试。结果通常需要时间来测试。

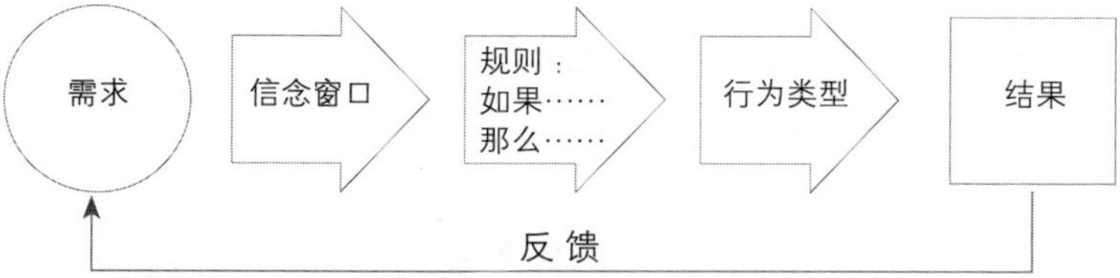

例如，你花了几年时间像躲避瘟疫一样躲避杜宾犬，你从没有被攻击过，你就会从你的观察中得出你的信念是正确的。至少你保持存活安全的需求被满足了。

有时，安全不是最高的优先。可能我们的其他需求会暂时超过生命需求成为最重要的。那时我们就有一个冲突。假设你有“杜宾犬是凶残的”信念，同时你又有另外一个信念“男子汉不怕狗”。什么需求驱使信念？很显然是重要感需求。但这是两种冲突的信念，你不能同时遵循它们。此时你会下意识地优先排序，给一个信念更高的价值。如果对你来说男子汉比安全更重要，你可能会对杜宾犬感觉不舒适，但是你不会躲避它。你会小心翼翼地经过它，假装忽视它。你也许会被攻击。这就是你给一个信念更高价值所付出的代价。受到攻击也许会使你改变一个信念。你也许会将“男子汉不害怕杜宾犬”的信念从脑海里移除，植入“聪明人害怕杜宾犬”的信念。

修改信念的过程一直存在。它被称作经验，是成功管理生活重要的条件。本杰明·富兰克林写到：“吃亏学乖代价高，笨汉非此学不好”。我们的经验让我们改变信念，适应新信念或者给它更高的价值。

现实模式——有力的工具

现实模式的两大主要功能：

第一，勾画出你的生活直观图并理解为什么。这是我们这章解释的功能。无论你之前是否知道，你和我拥有同样的四种基本需求。你拥有你认为能满足需求的信念，你设定了规则，这些规则指导你的行为。该模式让你看到行为的结果，决定你的信念是否为兴趣服务。

第二个功能是该模式可以帮助你在行为之前评估你的信念。这样，你就可以根据信念来预测你的行为类型。然后你可以改变补充你的信念以免造成不好的后果。使用该模式可以帮助你选择信念，认清你的潜在行为。在法则7中我们将更详细地探讨该模式的第二种功能，如何用它改变不能满足我们需求的行为。

除了先前的两种方式，现实模式可以帮助我们更好地理解我们自己，也能更好地帮助我们理解他人的行为和可能的信念动机。当你观察一个人的行为类型时，便可以看到他的信念。相反，如果你知道那个人确切的信念，便可以预测他的行为及其结果。这使该模式更强大。

例如，人们知道阿道夫·希特勒的信仰吗？答案是是的，我们已经知道。如何知道？希特勒写了一本书《我的奋斗》。在书中，他详尽地讲述了他的信念。例如，他的信仰之一就是种族等级划分。他说有高级种族和低级种族之分。根据希特勒，最高种族是雅利安人，主人。最低种族是犹太人和黑人——在他的眼里，他们是邪恶和疾病的根源。

我们能从希特勒的信仰预测他的行为吗？是的，我们能。事实上有人预测过。只是人们不愿相信这可怕的预测。希特勒在二战中残杀了几百万人——这就是他邪恶信仰的结果。希特勒的行为结果满足了他的需求吗？希特勒预测的德意志帝国持续了多久？仅仅12年。阿道夫·希特勒死于尘埃。

该模式是一种评估和研究历史的强大工具。例如，你可以问你自己："林肯的信念是什么？"我们能区分他的所为，他的行为类型吗？我想研究这些确实很有趣。人们所持有的信念提升他们的行为。约翰·艾克的信念是什么？弗洛伦斯·南丁格尔呢？西奥多·罗斯福呢？温斯顿·丘吉尔呢？马丁·路德·金呢？玛格丽特·撒切尔呢？萨达姆·侯赛因呢？米哈伊尔洛维奇·戈尔巴乔夫呢？他们的行为对国际和世界的历史产生了重大的影响。他们的信念是他们行为的源泉。我们能从他们的行为推断出他们的信念吗？我想说可以。同时代的其他人洞悉了他们的信念能改变历史吗？事情会变得不同——更好或更坏吗？可能。

陈述信念和实际信念

现实模式让我们看清信念和行为之间的联系。要是我们所相信的从来不会发生，结果会怎么样？要是我们认为应该做的事而没有做又会怎么样？我不会假装成心理学家，人类复杂的动机和行为不能通过现实模式而被理解。但是它能大体上理解我们为什么要做或不做、我们应该做或不做。

有时，我们的信念实际上只是那些别人的责任和期待。我的同事杰瑞高中毕业进入大学时苏联发射了第一颗人造卫星“史普尼克号”进入轨道，打开了美国航空的篇章。爱国热情呼吁更多的工程师和科学家。杰瑞认为他应该主修科学。他对地理感兴趣，认为科学会对探月或者其他星球更有帮助。那时，他认为他能成为一名地理学家。

但是一段时间以后，尽管杰瑞在高中是位优秀生，他在大学的化学和数学考试却没通过。要想成为地理学家，这两门学科非常重要。这并没让他心灰意冷，他清楚自己的信念。尽管最初他认为他应该成为一名地理学家，当他仔细思考时，他发现那不是他想要的。他真正爱的是写作和音乐。杰瑞决心学习跟艺术关系密切的新闻学。这次改变让他的成绩从D变成了A。当他的行为反映他内心所需、应该做什么时，他开始满足需求获得了内心平静。

我们都有这样的经历，认为我们相信的是对的，但是实际上我们什么也没去做。以减肥为例，许多少人都认为我们应该减肥以保持体形？我们已经知道疾病和体重体形之间的联系，如心脏病或者心肌梗塞。那么我们为什么不减肥瘦身呢？如果我们真的认为一些东西指导我们的行为，为什么不改变我的行为？

如果我回答了那个问题，我就会少患许多疾病。但是根据现实模式的观点，这种情况通常是其他的信念在起作用而不是我们就认为是正确的。例如，一个人知道他应该减肥或者戒烟，或者保持最佳体形，但是，在潜意识中他也会认为“这（心脏病、肺癌、中风等）不会发生在我身上，我要出奇制胜。”当然，这种想法是错误的——它并不是现实的反映，并且这种想法最后也不会满足我们的需要。但同时，它却会足够强大，从而颠覆我们清醒地认识到什么才是正确的信念。如果我们能清楚内心深处不正确的信念，那么我们的行为将会和正确的信念保持一致。

重要的是记住，总体而言，我们的行为反映了我们信念。如果我们的行为不反映我们意识中的信念，则应该仔细研究我们的信念冲突。

不适当的信念

有时我们的需求没有满足不是因为我们遵循错误的信念而是我们的信念也许是对的，但是我们的信念窗口出现了盲点。可能我们不明白导致我们行为的特定信念,因为我们还不了解它们。

我的朋友和以前的同事鲍勃·班尼特议员给我讲了关于鲍勃·马伦的故事，他是华盛顿公关公司的创立者，他的记者生涯始于20世纪30年代，他工作的第一份报纸是在丹佛，一天午饭时，他路过一片不熟悉的地区，看到一个广告牌，上面写着“加拿大灰雁飞行器公司”。他被名字吸引了，走进去参加了该公司总裁的一个演讲，在演讲中，这位总裁介绍了他们公司的产品。首先他们知道他们公司建立的宗旨：上帝是最伟大的工程师。有了这个理念，总裁（我们称他弗雷德）暗示上帝的创造力强于人类。如果我们想造飞机（或者飞行器），我们需要遵循上帝的旨意。这就是那个公司所做的，遵循上帝的模式——加拿大灰雁。

弗雷德仔细研究了加拿大灰雁的飞行能力。“当它们张开翅膀时，它们的羽毛就像我们张开的手指，让空气通过。当它们下降时，便合上羽毛，以承受冲击力。这是加拿大灰雁的飞行秘诀，我要根据这个秘诀建造飞行器。

接着，就开始了推销工作。“我需要你的帮助，”弗雷德说。“我需要钱来制造这台机器。我想让你购买我公司的股份帮我建造根据最伟大的飞行原理而设计的飞行器。”说完，他拿着盘子在走廊中走来走去（这是我所听过的最为奇怪的筹钱方式）。许多人拿出10美元购买股份。

当这些新股东散去后，马伦找到这位总裁。他了解到弗雷德是一位前部长，因为健康原因来到丹佛，还没有找到工作。但是有一天，他想到了鸟儿和上帝的其他创造，加拿大灰雁飞行器公司的创意油然而生。他选择这种不同寻常的方式筹钱，他说，“这是我知道的唯一方法。”

年轻的记者回到办公室写下了这个故事，并继续关注该公司的进展。灰雁飞行器公司制造出了可移动的机翼，上面有许多小气孔，这些气孔在飞行时打开，下降时关闭。当该样机在丹佛的斯坦普莱顿机场试飞时，他也到现场观摩，很不幸，飞机第一次试图起飞时就坠毁了。他追踪报道了后来针对弗雷德的股票诈骗起诉。

你认为弗雷德的信念是什么？如果你有机会跟弗雷德谈话并告知他有一个信仰并让他理清他。我想他会告诉你这些："我相信上帝，我相信努力工作，我相信公正和不伤害他人。我知道我的意图。"他也许会补充说："如果我坚持这些，我最后肯定会成功。"

但是最后他没有成功。相反锒铛入狱，颜面扫地。那条信念使他陷入了深渊吗？答案是否定的。然而，有其他的因素，即他所忽略的空气动力学原则。无论你是否相信上帝创造了加拿大灰雁，事实上鸟类飞行都要遵循空气动力学原则，他显然一无所知。鸟儿挥舞翅膀的方式并不是最关键的，即使它的翅膀不动，它也可以飞翔。翅膀的形状（以及其他许多因素一起）发挥重要作用。忽视了所有这些，尽管弗雷德忠诚于他的信念，努力工作，诚实待人，也改变不了失败的命运。

我们也许没有设计飞行器，但是我们会犯和弗雷德一样的错误。实际上，我们会坚持一些信念，并一直向前，心中认为无论我们尝试什么，我们都会成功。“我们怎么可能失败？”“我的信仰毫无问题。”但是我们的确失败了。分析失败的原因，我们明白还有其他我们忽略的因素。

这是我们成长中获得经验所必须付出的代价。我们必须不断发现，并增加更好更正确的信念，明白它们在我们已经拥有的信念中起什么作用。否则我们就不能控制我们的生活。

我们可以从弗雷德“错失的”信念中汲取教训，我们也可以从他错误的信念中汲取教训。弗雷德很显然认为相信上帝、心怀好意、努力工作就能让他成功做成任何事。虽然这种态度是无可争议的，但是他们不足以让我们忽略必须明白的其他因素。我们不仅要吸收新的知识，而且要努力探寻从而更加深刻全面的了解世界的真实面貌。

现在你们既然已经知道了现实模式，是时候回顾你在第一章中所了解的核心价值观了。问你自己它们是否在你的信念窗口中有所反映。因为你自己很难看清你自己的信念，你可以向你的配偶和挚友寻求帮助，他们会毫不犹豫地告诉你的信念而且你不用怀疑他们的看法。

你的核心价值观的清单会暗示一些你的信念。如果婚姻和家庭关系对你很重要，你可能会看到这样的信念：“夫妻之间的关系建立在互相尊敬的基础上”或者“当每个人都探讨不同的才能和观点时，婚姻（家庭）关系会更牢靠。整体强于个体。”

同时你也许会发现一些信念会令你非常惊讶：“因为我的配偶赞同我的所为，所以我必须成为主导。”或者“我的方式一直是最好的。”无论你是否弄清了这些信念，重要的是检查你的信念。只有当你知道的时候，你才会开始做些什么。我们将在法则7中讨论如何改变不正确或者不满意的信念。

YOU SATISFY NEEDS WHEN YOUR BELIEFS ARE LINE WITH REALITY

法则 7 改变行为以符合要求

当信念与事实相符时，需求就自然得到满足

你怎样区分位于信念窗口的信念、态度、观点正确与否？现实模式的第五要素给我们线索。如果你的行为结果满足一个或多个基本需求，你的信念可能是对的。相反，如果你的行为结果没有满足需求，你可以确信你的信念是错误的。

让我们来测试一下。假设你约会迟到了，你匆匆赶去。如果你相信“我是一个能够超速行驶的司机”，那时你的确需要开快点，你也活着，那就意味着这个信念正确吗？当然不是了。结果通常需要时间来检测。如果我们去碰滚烫的东西，我们立即知道结果。但是其他许多行为的结果可能需要几年的时间来证明。

但是如果你相信一生中都不会出事故，从不获得罚单，这是正确的信念吗？不一定。有时我们执行错误的假设，却成功战胜困难。这是因为我们幸运。由于这种原因，我们通常明智地做两个测试来检测我们的信念。一是我们的经历，另一个是他人的经历。在这个特别例子中，我们看看超速行驶的数据，交通事故通常发生在超速行驶的情况下。可能超速和不超速的数据是相近的。也许我们认为85英里/时的速度是正常行驶速度也是保险赔付的界定速度。有时常识和潜在的坏结果让我们寻找更好的信念。“安全比准时重要”也许是更合理的选择。

“速度法规不适用于我”也暗示其他的信念在起作用。其中之一可能是“约会迟到是可以的”，“赴约迟到对生意不利”也许是另一个。改变这些信念可能会让速度信念一起改变。“约会迟到不是世界末日”又或许“早点动身去赴约是必要的。”“不破坏法律对我来说很重要。”所有这些信念窗口的假设都会消除超速的需求。

看看另一个信念：“我的自我价值就是不输掉一场辩论。”你知道谁写下了这样的信念吗？四种基本需求的哪一种会驱使那种信念？显然是重要感需求。有时情感需求也掺杂在其中。

如果你认为你的信念是对的，然后建立起指导你行为的潜意识规则。要是跟一个10岁的孩子争论呢？你会怎么做？即使你知道你的儿子是正确的，你会怎么做？可怜的孩子，最重要的问题是：行为结果满足了你长期的需求了吗？短期内你的自尊得到了满足也许你感觉自己重要，也许你控制了你的孩子，但是长期看来，他会感觉怎么样？是的。他会不眨眼地瞪着你。你的行为结果可能满足了你的重要感需求，但是损害了其他的需求，例如情感需求。从不输掉争论的想法是错误的信念。

改变环境可以揭露错误的信念

罗伯特·班尼特在他的书《获得控制：自由和成功秘籍》中，举例说明了错误信念的要点。妻子罗达和丈夫罗纳德在结婚后前几年一直一起工作。当他毕业开始工作时，妻子就参与其中。罗达聪明好学，给了罗纳德很大的帮助。“他们是很棒的组合，”人们会说：“跟他共事的最大好处是他的妻子也会帮忙。”他们夫妻俩最快乐的时光就是共同奋斗打拼的时候。他们的模式如下：

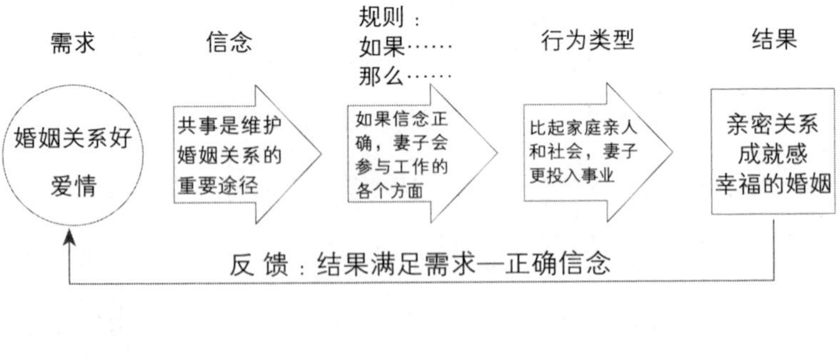

努力的工作得到了回报，他加入了另外一家大公司。鉴于他

之前的成功，他被派到亚洲分公司工作。但是在亚洲，主管的妻子不能参与除社交活动之外的工作。当他在办公室忙的不可开交的时候，她却在独守空房。早年他们在一起打拼时，因为太忙连小孩也没有。当他成为分公司主管时，他越来越忙了。因为罗达在家没什事可做，她变得相当无聊，开始酗酒，最后离婚。

从现实模式的角度分析，我们可以得出罗达和罗纳德最初关于他们关系的信念建立在现实的基础上，但是国外的文化差别不允许他们植入那个信念，所以他们的婚姻以失败告终。这种信念只对了一半，还有错误的信念藏在他们“正确”信念之下，我们下面揭晓。

罗纳德形成了错误的信念，认为他的婚姻主要基于经济的稳定，他忽视了罗达其他的需求，和许多人一样，都想当然地认为财富和地位要比其他更为重要。

罗达也形成了不正确的信念，脱离丈夫的工作，剥夺了她生活的意义。当环境改变时，她失去了重要感。基本需求没有得到满足。可能她感觉到了更少的爱，罗纳德忽视她。为了满足这些需求，她增加了新的信念。可能其中之一就是：“喝酒让我感觉好些。“另一个也许是“我的不幸都是罗纳德的错，他冷落了我，不陪我在一起。”这些信念导致酗酒和离婚。这些行为结果没有满足她沮丧的需求，从而陷入了我们前面说过的恶性循环。

假设罗纳德对自己说："罗达的自我价值感和我们的婚姻、金钱一样重要"。这个新的信念就会让他问："既然她不能来办公室，我怎样才能维持她的自尊？"他就会采取不同行动。

假设罗达对她自己说："面对新的情况，我要控制我们的反应。"这个正确观念会让她说："我不需要原始的支持，我要找到新的东西。"酒精就不会有那么大的魔力了。

有时错误的信念会暂时起到好的作用，直到环境改变并发现我们的需求没有被满足。这就是说我们有时需要重新修改我们的信念来适应环境的改变。关键是我们要对自己选择相信的东西有控制权。我们可以检查我们的信念窗口，随时代替或者重新安排我们的信念。

成长意味着改变

个人成长可以说是提升信念的进程，第一步是接受信念出现差错的可能性，愿意接受是成熟的标志。

为一名大客户上完课之后，该公司的人力资源主管，也是一位母亲，她找到我。我们探讨了正确和错误的信念，她描述了思想发生的变化。她告诉我她长期信奉的信念"在家做一位好妈妈。"接着她描述了在日常工作中的愧疚感，以及这如何影响她作为主管和妈妈的行为。

她在讲述的时候已经认识到她的信念显然是错误的。单亲妈妈和双亲妈妈必须工作为孩子提供食物、住所、衣服。因为她们工作她们就是“坏”妈妈吗？当然不是。好妈妈和待在家里没有必然联系。你可以一边工作一边照顾孩子。通过这次课程，她明白了她的信念“在家做一位好妈妈”已经对她的生活产生了负面影响，她开始重新考虑这个问题。接着她告诉我她要改变这种信念，她的新信念是：“好妈妈出现在孩子们需要的时候。”新的信念让她的思想趋于平静，从而更高效地专注于工作和孩子的需求。

我们后来一直保持着联系。她成为更好的妈妈和员工。与其消耗精力在愧疚感上，不如专注于更重要的事。

木偶和操纵者

鲍勃·班尼特给我讲了他朋友山姆的故事。山姆的父亲是一个控制欲很强的人。我们可以想象出这样的情形，他想让山姆成为他的样子，强迫他有同样的价值观。山姆反抗这种压力，跟他的父亲唱反调。当他长大后，他选择离开家，远离他的父亲，希望憎恨会慢慢消失。山姆从未感觉到自由，因为他的父亲控制他，迫切希望他有所作为。

最后，山姆决定学习音乐，彻底逃脱父亲的控制。他知道父亲很顽固，这种对抗会让她的母亲痛苦不堪，他非常爱他的母亲。

他迫切想逃脱父亲的控制。他觉得这样他的心理才会健康。尽管后果很可怕，但这是他改变信念窗口的新信念。

所以他开车逃离父母居住的社区。一路上，他都在回想这些年自己一直像木偶一样受父亲的操控。他极力反抗并向反方向前行。然而，他惊讶地发现父亲不是真正的操纵者。他发现连接他和父亲的那条线是他必须与父亲唱反调。他终于明白是这些信念指导他反抗父亲。这些年不幸福和沮丧的父子关系让他明白这些信念是错误的。

他总结出三条基本的方法可以应对他的父亲。他可以反抗，这是他一直在做的事情。当他长大的时候，如果他的父亲说10点必须回家，他会在外边待到12点，即使他不愿意。这种行为继续演变成后来的离家出走。反抗并没有切断他想切断的那条线。他仅仅是在摇线的两端。他的父亲拉动手，山姆就会移动脚。操控者没有得到他想要的回答，这使他沮丧，但他仍然控制着木偶的行为。换句话说，山姆不是因为想待到半夜而闲逛，而是因为他的父亲想让他10点回家。

第二种可能的反应就是努力变成操纵者。逃离他父亲的控制就是控制他。他知道怎样让爸爸生气，他可以拽住所有的绳让他跳舞。许多青少年都这样做。他们知道怎么表示不敬，播放嘈杂的音乐，带朋友回家，穿着奇装异服等等。但是操纵者依然要依靠线为他工作。木偶和操纵者都不是自由的。基于操控的人际关系会带来麻烦。山姆知道快乐不能建立在他是否有操控他父亲的能力。所以成为操纵者行不通。

第三种可能，也是最有希望切断那条线的。他可以行动而不是抗拒。那么他就会自由，不做他父亲期望的，也不唱反调。当他认识到怎样控制他自己的生活时，线自然就断了。

当他到父母家时，他觉得反抗是没有必要的。所以他走进屋子，找到父亲，告诉他，他爱他。看望父母后他驱车离开，此时如释重负。当他去掉“我必须反抗我父亲的一切”的信念时，他很快乐，一个更好的信念代替了错误的。

改变你信念窗口的五条规则

我想跟你们分享五条基本规则，用五步原则来控制你的生活。公式建立在认知不和谐的基础上——心理学家说我们不能同时拥有两种冲突的观点，我们会本能地解决冲突，选择逻辑更强的观点。原则如下：

1. 弄清没有产生梦想结果的行为类型
2. 弄清指导行为的可能信念
3. 基于已知信念预测未来行为
4. 弄清可以产生更好结果的可选信念

5. 基于新的信念预测未来行为

我用自己的故事来解释这种方法。我有一个儿子叫约瑟夫。他上高中时，在汤姆·克鲁斯模仿大赛中获得第二名。他同时也是校篮球队的，他对此非常兴奋。我关注过他的行为。在第一季的时候，我看过他的几场比赛。我注意到只要他投篮失败，他就不会再投了。如果他撞到某人，他会后退避免身体接触。他在篮球场外也有类似的行为。如果考试不好，他就会躲躲藏藏，他讨厌带坏成绩回家。

所以我在周日早上跟他谈话说："约瑟夫，我注意到了你的一些行为。我能描述你的一些行为来总结你的信念吗？"没有什么好怕的，我们在讨论信念窗口。他能很好地理解现实模式。即使我说他的信念有点糟糕，他知道我仍然爱他，因为他和他的信念窗口是独立的。换句话说，"我没问题，爸爸，对吗？""是的，你个人没问题。我很爱你。你的信念窗口需要做点手术，但是你没问题。"

因为约瑟夫理解这些，我才能够描述他的行为。"当你投篮失败的时候，你就不再投了。当你撞到某人时，你退后避免表现出侵略性。当你考试不好时，你不想带坏成绩回家。你为什么要那样做？你认为我们能弄清那些导致你这样做的信念吗？"当你做到第二步时，你需要开始思考。"为什么？""你为什么一直这样”问题的答案就是信念的某种形式。

我们谈论了大约25分钟，相当长的时间了。最后我儿子回到他的椅子上说：“你需要明白，我真的很害怕失败。”

我说：“你知道的，约瑟夫，我认为我们找到你的信念窗口的假设了。信念是：失败是不好的。”“你从哪儿得来的那个想法？”你知道答案是什么吗？是我。

他情绪激动地说：“你不知道什么是失败，爸爸。”

“你说我不知道什么是失败是什么意思？”

“是的，你从不失败。你去全世界演讲，人们都认为你如鱼得水，你拥有所有的东西。”“你的字典里就没有失败。”他强调到。

我看到他不太了解我，于是我说道：“让我给你讲讲我的失败。”我花了90分钟讲我的失败。我有5次主要的财务困境。我详细描述我的失败。当我这样讲的时候，约瑟夫的神情都变了。

他惊讶地坐在那里说：“你的意思是失败也没什么大不了的？”

“失败当然没什么了。唯一的问题是失败了你却什么也不做。”

一旦我们弄清错误的信念，如果他还不改变他的信念窗口，那么我们就能很容易地预测他的行为。他害怕尝试新的东西，害怕应用天赋、挑战极限、拓展视野。因为他害怕失败，你可以说他一直活在失败里。

我们在他的信念窗口放进去了一个新的信念：“失败是成长

的部分。”并且，我们很容易预测到这种信念所导致的行为。

两天以后我又去观看他的比赛。他像变了一个人似的，像一头苏醒的野兽。即使他投丢了球，也开始投篮。他开始享受跟人们对抗。即使考砸了，他也敢回家。“嘿，爸爸，我得了D。”我们不得不进行一场新的谈话。他已经走错了方向。不认为失败是可怕的，反而认为失败是正常的。虽然我们必须指出这一点，但是这次经历最美好的就是痛哭。当他意识到人生可以犯错时，生活中的痛苦就消失了。

你遵守了那次经历中的步骤吗？我们弄清了行为，我们弄清了信念，我们预测到了未来的行为，我们形成了新的信念。我们在新的信念基础上预测一些将来的行为。比起旧的信念，他更喜欢新的，于是伤口开始愈合。行为开始慢慢改变。

我们再来看一个例子。我知道很多人都可以归为工作狂。现在，我自己也对自己努力工作感到自豪，这没什么错的。但是，我看到许多人因为工作几乎忽视了生活中的其他所有方面。他们总是借口说工作太忙，没时间做其他许多重要的事情。这种信念所展示出来的行为是这样的：“工作是生活中最重要的事情。”现在，如果你指出他们的这种信念，他们可能会矢口否认。他们会说，“不，这不是真的。有许多事情比工作更重要。”如果你要他们举些例子，他们会举出家庭、信仰、知识、友谊和健康等。但是他们的行为并没有支持他们的观点。他们经常因为工作需要错过家庭活动（或者根本不提前做好安排）。有时，他们甚至把工作和家庭的关系搞得很复杂，并且声称“他们只有努力工作才能供养家庭”。然而，事实是，他们都没有花时间和家人在一起，他们也没有时间祈祷，多少年来都没有读过一本书，没有和职场之外的人交朋友，也不锻炼身体。换句话说，他们的行为是信念窗口的指示器，要比语言更有说服力。

因此，我们归纳出了他们的信念：“工作是生活中最重要的事。”一旦我们清楚了这种信念，我们可以预测到他们未来的行为。正如他现在的行为一样，这可以满足他长期的需要吗？不能，我们可以找到其他的信念从而形成更好的结果吗？当然可以了。我最喜欢的一个就是我经常说的，我也永远不可能忘记的：“没什么能弥补家中的缺失。”还有一个可能是：“在死神来临时，你不再希望你能花更多的时间在办公室。”也许是这样的：“知识是无价的，但有时它并不能使我的工作更有效。”我们能根据这些信念预测未来的行为吗？当然可以。并且，我们也可以确定这些新的信念比旧的能更好地满足个人的基本需求。

五步原则真正的秘诀不是应用到他人的生活。这种方法最初价值的提升存在于应用到我们自己身上。这很不好做，因为他要求我们客观地看待我们的行为并接受行为所展示的信念，即使我们非常不情愿去面对它们。正如我建议的那样，当我们谈论弄清核心价值观时，你的配偶和挚友也许会提供宝贵的视角帮你弄清刻在你的信念窗口上的信念。

“我”留言

我们怎样帮助别人改变基本信念？你是否了解跟你亲密的人——家人、朋友、同事——在他们的信念窗口上有错误的信念，而你没有察觉？换言之，你可以在行动中看到毁灭性的行为，你可以预测将来的结果，但是他人完全不知。生活中最大的挑战之一就是激励他人去改变。原因是没有人可以改变另一个人。我们可以说服、请求、建议甚至要求，但是如果他人不想改变行为，就不会有改变出现。改变的愿望必须发自内心。你怎样帮助创造那个愿望？让我给你介绍一个概念叫做“我”留言。“我”留言有四个明显的步骤：

1. 告诉他人，“我有一个问题。”

2. 从你的角度描述问题。

3. 告诉他人你的感受。

4. 让现实的情形帮助产生改变。

前三步非常简单，应该创造让他人没有威胁感的氛围。第四步需要提出两个有力的问题：1）在知道彼此感受的前提下，如果你继续这种行为，这会让彼此关系更好还是更糟？2）你想让我们的关系更好还是更糟？这两个问题适用于任何情形，将会得到诚实直率的回答和交流。

让我们举一个例子。假设你的名字是金。假设你为我工作而且你最近10天连续迟到。我是你的老板。我很关心，我将给你一个“我”留言。我可能会这样说：“金，我有一个问题。我注意（第二步）到你已经连续10天上班迟到了，我想让你知道（第三步）我对你的迟到非常不满。金，如果你继续这样每天迟到，知道我的感受，会使我们的关系更好还是更糟呢？”

“金，你想让我们的关系更好还是更糟？”十有八九的人会回答更好。现在，如果你不在乎我们的关系，如果你想争论，你会说什么？“更糟”会发生什么？你会丢掉你的工作。满足了你的什么需求？几乎没有。

通常你会说，“我想让关系更好。”我会说：“如果想关系得到改善，你需要怎么做？你必须改变你的信念窗口的信念：迟到无关紧要。”用新的信念来代替旧的“迟到会让我和老板的关系紧张，长期而言不会满足我的需求。”

几年以前我就教了我的孩子“我”留言的概念。我有一个聪明漂亮的女儿，斯塔西，那时她读九年级。她参加了乐队，这对她来说非常重要。我的工作决定了我经常不在家。一天，她来到我的办公室，那时还在我家的地下室，她探头说，“爸爸，我有一个问题。”

她一开口，我就知道知道怎么回事，我说 ：“斯塔西，我们可以谈谈。”

“好的。”她走进我的办公室，坐在办公桌前，胳膊肘放在桌面上重复到 ：“爸爸，我有一个问题。”第一步，她说，“我参加了校乐队，我们经常演出。但您因为经常出差，从来没有来看过我的表演。”第二步，客观地描述我的行为。我意识到她的问题了吗？是的。

然后她继续第三步。“我需要你明白，爸爸，你不来看我表演，我真的感觉不好，其他所有的孩子都笑我，因为我的爸爸从没来过。”第四步。“爸爸，如果你继续这样做，我们的关系更好还是更糟？”

我非常小声地说 ：“更糟。”

她说，“我还有一个问题。爸爸。你想让我们的关系更好还是更糟？然后她站起来离开。

两天以后她就有一场演出。爸爸取消了三场演讲。我坐在音乐会前排。因为她提醒了我一个基本信念，我和孩子们的关系很重要。这个信念重新回到我的信念窗口。

因为我们心平气和地坐下来而不是攻击对方，所有的谈话才能开始，才能发现引起她沮丧的原因是我的行为。我希望你明白这一点。你的行为不是你。如果我说你的行为伤害到我，不是说你是一个坏人。我仅仅是说你也许有一个错误有害的信念。因为这次经历，斯塔西和我有了一次关于信念窗的谈话并理解了信念怎样驱使行为。

现实模式是一种强大的工具，不仅分析我们行为，带来结果，而且帮助他人改变他们行为中的需求。它是提升我们和他人关系的有效工具。

现实工具把我们的行为和本身分开，因为两者本身就是分开的。如果我们可以攻击错误信念和毁灭性的行为而不攻击我们自己和他人，我们便可以解决生活中多数的人类关系和个人生产力问题，我们会感觉很好。

但是，这里没有更深更难的问题等待解决？对于毒瘾和其他严重的问题，现实模式会在这些问题中起作用吗？那是我们在法则8中将要关注的问题。

NEGATIVE BEHAVIORS ARE OVERCOME BY CHANGING INCORRECT BELIEFS

法则 8 重开信仰之窗

改变错误想法，克服负面行为

正如现实模式向我们展示的那样，我们信念窗口的信念强烈影响着我们的行为。无论正确与否，我们假设它们都是正确的，我们的行为与它们一致。真正正确的信念会产生肯定的行为，行为会产生梦想的结果。相反，错误信念会产生消极、弄巧成拙的行为。消极的行为会阻止你去尝试控制生活。

消极的行为覆盖一个很宽的范围从轻度消极（向孩子吼叫、讲善意的谎言、过度工作等等）到强烈的消极（滥用药物、家庭暴力等等）。在极端的情况下，消极行为对自己和他人都会是毁灭性的。

通常，消极行为看起来是无法解释的（我们为什么就那样做了？）或者在行为学上可以解释但是我们不明白。现实模式可以提供一些重要的方法和角度帮助我们避免或者克服消极行为。

任何消极行为都表明缺乏控制。消极行为通常是错误或者不适当的信念满足需求的结果。因为这些信念没有植根于现实，它们不能产生满足需求的行为和结果。当我们尽力去应用不合适的行为去尝试满足需求时，我们会陷入困境。

以八卦为例。这种普通的消极行为来自重要感需求和可能是扭曲的情感需求。有些人八卦是为了扳倒他人，踩在别人身上是向上走的最好方式。其他的八卦不是要扳倒人而是损坏名誉，让听众认为他们混迹在上流社会。无论什么需求驱使着他们的行为，无论能获得什么短期的成就感，长期的损害是无法避免的。

八卦会短暂地让我们感觉重要，也许是暂时赢得他人的钦佩，但是钦佩不是爱，扳倒别人最终会遭到报应。长期来看，我们会带来无数的敌人，在我们背后捅刀子，让我们无法消除恶名。

在极端情况下，消极行为是沉迷行为。当你听到看到沉迷行为时，脑海中会浮现什么？你的第一想法可能是毒品和酗酒。当今有新的沉迷行为方式，它们确实是严重的行为问题。一位心理学家这样定义沉迷行为：难以抑制的行为，短期利益长期损害。沉迷毒品和酒精是我们在自身和他人身上看到的两种严重的消极行为。这本书不是专门探究如何从沉迷中恢复，我也没有假装是一个同这些社会和行为问题做斗争的专家，但是通过现实模式可以更清楚地看见和理解消极行为。

根据难以抑制和毁灭结果的程度，我们来区分消极行为和沉迷行为。除了毒品和酗酒，还有什么行为是沉迷的？

- 贪食
- 过度劳累
- 吸烟
- 自吹
- 睡觉
- 购物
- 八卦
- 家庭暴力
- 吼叫孩子
- 粗俗的笑话
- 跑步

你可能会说：“得了吧。其中一些我们不认为是沉迷行为？”跑步是吗？是的。如果它变得难以抑制，锻炼便成了一种沉迷。这就会产生长期的消极结果。例如，如果即使会引起膝伤复发，你每天仍坚持跑5英里，也许这会增强你的心脏系统，但也许会永久损伤你的软骨。同样的，如果每天晚饭后你的配偶说，“你去洗碗筷，”你回答：“对不起，我必须出去锻炼来保持体形。”你也许最后会看起来像阿诺德·施瓦辛格一样，但是你的婚姻不会长久。短期利益，长期损害。沉迷，消极行为。

以吼叫孩子为例。会有什么短期利益？你消耗了你心中的愤怒。也许你感觉想让世界变得更好。也许你暂时压住了孩子的行为。你也许感觉控制感提升。但是长期后果是什么？你的孩子可能会感觉陌生。他们也许会反抗，也许会在你年老时无视你。或者他们错误的认为愤怒是对别人不端行为恰当的回应。

我们怎样克服生活中的消极行为？我们如何帮助他人克服长期的毁灭性行为？这些问题的一些答案存在于现实模式里。第一步当然是认清我们存在问题的事实。第二步是识别出驱使我们行为的无法满足的需求。接着我们通常要弄清一个或者更多错误信念，这些信念至少在短期看来是我们满足了某种需求的。最后我们必须用正确的信念取代错误的信念。一旦我们那样做并坚持新的信念，行为改变会自动发生。

毒品和酒精很有趣

一天我正坐在办公室里，美国犹他地区的律师布伦特·沃德打来电话。我从未见过他，但是他说：“海勒姆，我讨厌因为吸毒和酗酒把孩子们锁起来。我决定拜访该州的每一所高中，把这些孩子集中起来。犹他爵士队同意派一名篮球运动员过来。我们要放映一部电影。你愿意和我们一起，教这些孩子们如何控制他们的生活吗？”

我感到很兴奋。我说，“布伦特，我们去做。”

在三年的时间里，我们的足迹遍及犹他州所有的高中。有一天，布伦特·沃德在华盛顿不能去，所以派来了他的助理。犹他爵士队也在巡回演出，所以律师助理和我独自前往。我们来到高中，走过大门，校长把我们迎到他办公室，坐下后，他说：“现在，你们习惯给全校的学生讲话吗？”他接着说：“我不想让你们给全校的学生讲话，他们不是有问题的人。我想请你们跟我们的吸毒者和酗酒者谈谈。”

我说，“你知道他们是谁？”

“是的，我知道他们是谁。”

他带领我们到一间房间，让我们待在那儿。只有一扇门。在铃响了几分钟以后，门打开了，走进来50个神情难看的孩子。有一个孩子打了鼻环，有一个绿头发的孩子直直的站着。

校长走了进来，径直走到房间前面。在他开口讲话之前，一个个孩子从椅子上跳起来说：“我们为什么要来这儿？”校长说：“因为你们吸毒酗酒，这两个人是来帮助你们改正的。”

我做过很多自我介绍，但那个是最有趣的。校长转身离开，他看都不想看。

当我站在教室前边时，我注意到一个长头发的孩子蹲在座位上。他带着眼镜。不知为什么我想谈论一下这个孩子。我说：“我们这儿好像有书呆子。”

他从椅子上跳起来，摘掉他的眼镜说：“我才不是呢。”

我说：“是的。你不是。你为什么不出去？”

他说：“好的。我要出去。”他夺门而出，转身咒骂我，然后关上门离开。我之前从没听过这种咒骂。

当他摔门而出的时候，剩下的孩子几乎异口同声的说：“让穿着正装的人出去。”

我不得不朝他们大声吼叫，因为他们制造出很大的噪音。我喊叫到：“请注意。我是来教你们现实模式的。在你们离开之前，你们应该专心听讲。你们要将它熟记于心，明白吗？”

所有人都恶毒地盯着我。

“这里没有黑板，”我说：“所以我需要五个志愿者。”连哄带骗我最后挑出五个孩子，每一个代表一种模式要素。杰克代表着信念窗口。“好的”我说：“我将给你一个也许在你信念窗口的信念。它是：“自我取决于对朋友的友善。”你知道任何年轻人都有那种信念的吗？任何老人呢？

当我问到什么需求会驱使那种信念时，一个孩子说“重要感”。我说：“是的，情感需求呢？也许有两种需求驱使那种信念。如果那是对的，除非你的朋友说好，否则，你的自我价值感就不会好。要是你去派对，你的朋友给你毒品和酒，你会怎么办？”

几乎异口同声说：“我们接受。”

我说：“是的。你们会接受。随着时间的推移，这些结果会满足你们的需求吗？”他们不明白我在讲什么。

但是我们开始通过模式施加影响。我们花了25分钟讲解这些，突然我的信念窗口代表杰克从椅子上跳了起来。房间里突然变得死寂。我看到每个人都在想“天啊，杰克。跟穿正装的成为了一伙儿。”

但是他却说：“让我告诉你这个模式是多么的愚蠢。你告诉我们，我们的行为结果没有满足我们的需求，我们的信念有问题。那就是说如果我们的行为结果满足我们的需求，我就有正确的信念。对吗？”

我很兴奋，因为他很好地使用了模式的文字。“是的”我说，我知道他的处境，所以我阻止他说：“等一等，杰克你喝酒吗？”

“是的，我喝。”

“你能喝多少？”

“一周八到九瓶啤酒。周末会喝醉。”

“你每周末都喝醉？”

“是的”

“你是个酒鬼吗？”

“不，酒鬼可不是那样的。”

“你刚刚让我看到了你信念窗口的信念。”

“有吗？”

“是的，有的。你告诉我你每周喝八瓶啤酒，周末喝醉，你不是酒鬼。你告诉了我你相信喝八瓶酒甚至喝醉也不是酒鬼。”

“那又怎样？”

“那就是全部。我想确保你明白。继续，杰克。”

“好的，我有信仰。我不在乎朋友的看法。我的信念是‘毒品和酒精是有趣的’。这是什么需求驱使这样的信念？多样性。就你那愚蠢的模式而言，如果是真的，我可以设立我的规则。我去派对。我的朋友给我白酒和毒品，我接受了。结果满足了我的需求了吗？肯定是的。当我喝酒和吸毒的时候，我感觉棒极了。那就意味着在我的信念窗口，我有正确的信念，对吗？”

此时教室格外的安静。我沉默30秒，然后说：“是的。”

“对吗？”

“是的，对。但是你遗忘了一些东西。结果需要时间去检测。你还不知道。你也许当时感觉很好，但是随着时间的推移，它会满足你的需求吗？”

正如他所说的，“是的，是的。那就是说我要一生都去喝酒吸毒，从而证明它，对吗？”

聪明的孩子。我说，“是的，如果你愿意可以那样做。”但是那是愚蠢的方法，竭尽全力找出一个正确的信念。

他说，“别的还有什么办法吗？”

“你可以看看其他吸食毒品和酗酒人的一生，看是否真的满足了他的需求？我们可以那样做吗？”

“可以。”

“好的，杰克。”我说：“哪位吸食毒品和酗酒的人最后真正满足了他的需求？你给我举一个例子。”

他举出艾维斯·普雷斯利的例子。我说：“普雷斯利？普雷斯利最后怎么样了？”

“死了。”

“怎么死的？”

“过量吸毒。”

“满足了他的需求？”

杰克坐下了。

现在，我第一次吸引了他们的注意。我说：“仔细听。我不是来告诉你们什么是你们的信念窗口。那不关我的事。我来是告诉你们，你们有信念窗口，你们同样有四种需求。你们每天也让信念驱使你们的行为来满足需求。你们是否足够成熟去脱离信念窗口，看信念是否正确，然后改变不起作用的信念吗？”几乎没有人点头。

他们开始思考，“这也许有用。”我陈述过这个观点：“当你观察一个人的行为模式时，便可以看出一个人的信念窗口。看的越仔细，就能越清晰地知道别人的信念窗口，你便可以精确地预测他的行为。如果你可以预测行为，你还可以预测些什么？结果。我说：“听着，孩子们。如果观察一种行为类型，你能看清那个人的信念窗口，对吗？”

他们都点头。“是的，你是对的。”

我说，“好的。我在这儿观察了一种行为类型。”我指着长头发的孩子说：“你站起来。”他站起来，头发垂到他的肩上。“你是长发。”

“那又怎样？”

“有多长时间了？”

“五年。”

“那是一种行为类型，对吗？”

“是的。”

“一定有什么信念让你坚持留长发。我想知道是什么。”

那孩子站了一分钟。轻声说：“引起我父亲的注意。”

这孩子的哪一种需求没有得到满足？我们要明白非常重要的事实：当我们一种需求没有被满足，我们的能量就会集中到满足这一个需求上。如果我们有错误的假设，它会起短时作用。长期就是毁灭性的。即使我们知道长期后果，我们还会那样做吗？不幸的是，我们会——除非我们决定打破那种循环。对人们来说看到长远是很难的。

“没人爱她”

此时，杰克站起来。所有的人跟随着他站起来。他说：“好的，海勒姆，这是真事。”当他说这是真事的时候，他不经意地瞟了一眼第四排。“我有一个朋友，她是女生，但不是我的女朋友。”他们知道他说的是谁，教室一片安静。“她是瘾君子，她酗酒。她的父母糟透了，他们都酗酒，而且一直打她。这个女孩有时都想自杀。海勒姆，如果那个女孩自杀了。我们就浪费了一个生命，我们不能让她自杀。我们怎样拯救她？”

每个人都期待我的回答。我站在那儿说：“我不知道。”

“你不知道是什么意思？”

“我怎么会知道？”我说。“让我们应用我们的模式。她的行为是什么？”

“她是瘾君子，她酗酒。我已经告诉过你的。”

“随着时间的推移，她的行为满足了她的需求了吗？

教室里的所有人都陆续摇头。“你是对的，”我说。“那这又是什么意思？”

其中一个孩子说，“她拥有糟糕的信念窗口。”

“是的，我认为你是对的。但是我们知道有什么问题，对吗？需求没有被满足。让我们退后一步。哪一种需求没有被满足？”

一个男孩站了起来，他长发，卷胡子，穿着一件旧夹克，他看起来像35岁，但是实际上只有16岁。他双手插在口袋里，看起来他有个意外收获，他说：“没有人爱她。”

“很有趣，”我说：“那我们怎么做？”

这个男孩仍然站在那里，盯着我看，就好比我是一个十足的白痴，他说：“我们爱她。”

“主意不错。我们要怎样做？”

这些孩子们提出了他们最好的方式来爱这个女孩。那些能帮她建立自信，找回自尊。

“你们认为，”我说，“如果需求在某种程度上被满足，我们也许可以跟她谈谈她的信念窗口？”

此时铃声又响了。时间到。校长回来。他错过了所有的事，不知道发生了什么。杰克走过来对我说：“海勒姆，我想告诉你。我已经断断续续酗酒吸毒10年了。”那个孩子16岁。他哥哥在他6

岁时给他可卡因。他说，“我进过4次监狱。我被扔来扔去，无人问津。这是我第一次感觉人生有意义。”

我看着他说：“我再一次告诉你，我不是来告诉你们什么属于你们的信念窗口。那不关我的事。我来这儿是告诉你们，你们有信念窗口。你们有跟我一样的四种需求。因为你们想满足你们的需求，所以你们有信念。你们是否足够成熟去脱离信念窗口，看信念是否正确并去改变不起作用的信仰吗？”

他站在那儿，耸耸肩说：“是的，我可以。”

我看着他说：“好的，我想我们会看到，对吗？”

从那以后我一直与杰克保持联系，到目前他已经成熟，能用正确信念代替错误信念。他高中毕业进入了大学。他在努力生活。

现实模式有两点非常好。一是攻击别人的信仰窗口而不是人。二是它对每个人的行为负责。从个人角度来说我不认同有些人所说的话，“我的父母把我搞的一团糟。”我们都可以控制我们的人生，除非我们在精神或者情绪上有问题，否则我们都要为自己负责。我们要为自己信念窗口的信念负责并控制它们，消极行为不是那些你不能控制的，当正确信念代替错误信念时，它通常会自动消失。

正如我们所知，我们信念窗口上的东西不仅影响我们的行为，而且影响我们对自己的看法。更多的信息将在法则9中讲到。

YOUR SELF-ESTEEM MUST ULTIMATELY COME FROM WITHIN

法则 9 以个人价值为依据

自尊必须发自内心

富兰克林说“别人的眼光会毁掉我们。如果世界上只有我自己看不见了，我不想再要衣服、房子、家具这些东西”。别人的眼光很难忽略，尤其当我们尊敬和爱戴他们时。

我们本能地寻求我们的自身价值。我们想让别人看好我们，想让别人称赞我们。通常，追寻别人的认可迫使我们违背我们的核心价值观。当我们寻求外部认可时，我们便失去对生活的控制。我们根据别人的价值观和法则去做事。有时我们仅仅是猜测那会取悦他人。事实上并非如此，这种生活方式的压力很大。

“你是丑陋的”

我的朋友鲍勃·班尼特在讲解信念窗口时曾让一位学员假设一个场景。有人坦诚地告诉他们是丑陋的。鲍勃在一群人面前举这个例子，其中包括特别漂亮的女孩子——一进入房间就会吸引眼球的美女。这个女孩外貌唯一的缺点是她从来不笑。当鲍勃在讲这个事实的时候，她真的没笑。她也没有参与以下的讨论。

后来，她的男友找到鲍勃谈话。他说，难以置信，这个女孩相信她是丑陋的。当她小的时候，她的妈妈经常那样说。

“我不能让她相信她是迷人的观念。”男友说。“这是主要的自尊问题，它影响着我们的关系。”

它当然影响他们的关系。当他说她是迷人的时候，她内心告诉她自己“他在说谎或者他愚蠢地在说她有多么的丑”。他的男友固然没有这两种想法。

她母亲的观念深深地植入她的心中。这位年轻的姑娘被她母亲的观念控制了。她不能控制自己直到她用自己的观念替换她母亲的观念。

如果这位年轻姑娘能够接受她母亲可能错了的事实，她可能会发现，实际上她很漂亮——不仅仅是她男朋友这样认为，其他人也都这样认为——当男朋友认为她很迷人时，他没有说谎。这样一来，她就会控制对男朋友的感情，而不是让故去的母亲控制他们的关系。

群体信念

通常我们让社会氛围决定了我们的信念。我们接受大众的价值观，不考虑它是否和我们的行为和自我价值冲突。让我举例说明。

1989年本杰明·富兰克林高中的校长诺曼邀请我们公司与其建立合作关系。这所学校是一所黑人学校，位于美国最危险的贫民窟之一。鉴于这种合作关系，我在1989年5月16日被邀请去给高年级学生讲座。

讲座的前一晚，我在新泽西给一个重要的客户讲课。无论什么时候我去普林斯顿，他们都会开车去纽瓦克机场接我，然后再把我送回机场。因为我第二天要去费城，当晚司机就送我去了费城。

我们开车去旅店的路上经过那所高中。那一片区域非常萧条。贫穷随处可见。豪华轿车和周围的反差让我印象深刻。

第二天早上我准时去学校。由于危险的贫民窟，我不允许独自在校园里闲逛。当我到达学校，诺曼热情地接待了我。他说当我们每天早上八点半进入学校以后，大门会被锁上，避免毒贩影响学校。

在给学生讲座之前，我见到学生会主席和学生会干部。我对这些黑人学生印象深刻。在这些贫穷、压抑和丑陋之中，还有一些被激发了希望的学生，我把这功劳归于斯宾塞先生。

那天早上，我在体育馆面对900人讲了两个小时。我可能是唯一的白人。我跟他们分享了现实模式和信念窗口。在我讲了90分钟的时候，我拿着麦克风走到过道的一名学生面前，我对他说：“假设你居住在这样的环境中，假设所有黑人都是愚蠢的。”那时体育馆一片寂静。你能闻到空气浑浊的味道。900名学生都坐在椅子边上。

这位学生看着我，抬起头说，“黑人不是愚蠢的。”

我说：“我没有那样说。我说假设你居住在一个有那样观念的环境中。”

男孩再次重复到：“黑人不是愚蠢的。”

我说了四次才让他明白我所说的。当他最后明白我没有攻击他时，他说：“我就居住在那样的环境中。”

我问他，“那有趣吗？”

他说，“一点儿也没有。”

我转向学生，阐述这个观点。我说：“我们的偏见深深地植根于我们的信念窗口。因为我们相信那是真的，这些偏见驱使的行为让世界上的很多人经历痛苦。无论什么时候，当我们说‘所有黑人都……’，‘所有拉美人都……’，‘所有女人都……’，‘所有职业运动员都……’时，我们都在增加世界的痛苦。”无论何时，当我们接受他人的偏见时，在一定程度上，我们就低了一个等级，我们让偏见控制了我们的生活，以及我们对自我痛苦感的控制。

我是在夏威夷群岛长大的，实际上，也属于少数派。我在高中时，全班有60个人，只有5个白人，其余的都是波利尼西亚人和东方人，且多数都是东方人。

我从来没有想过自己的成长环境能够称得上是偏见的，或者我比那些其他的种族的人有什么低人一等的。我是少数派，但是，我直到回到美国大陆才弄清偏见究竟是什么。

当年轻人在这样一个国度长大，他们的信念窗上没有偏见，那是多么的美好啊？但是即使这不会发生，我们也不要接受偏见。别人的看法不会影响我们最自己的感觉除非我们接受他们的信念。不顾别人的观点，我们可以快乐成功。

你是完美的

如果你真的想控制自己的生活，你必须在你的信念窗上植入一个概念。无论你发现自己是什么角色，它总跟你有关。下面的图形展示了你作为人，在中心扮演着不同的角色。

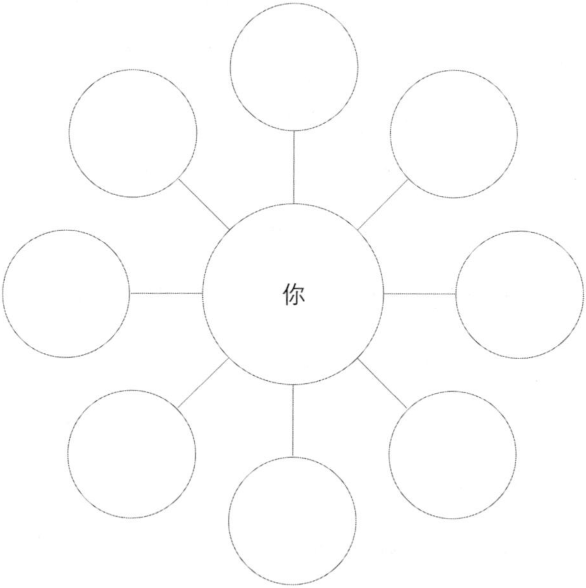

如果你愿意，你可以在中间写上你的名字。外围的圈内，你可以写上你的角色——父亲、母亲、配偶、经理、职员、朋友、兄弟、姐妹、儿子、女儿等等。如果你愿意花时间，你可以弄出成百上千种角色。你去厨房煮饭，你变成厨师，你去商店消费，你变成顾客。你去议会开会，发表见解，你成了热心市民。你为善事捐钱，你变成慈善家。你致力于帮助无家可归的人，你就是志愿者。你有成百上千种角色。

如果你给每一个角色打分（1-10，1分代表糟糕，10分代表优秀），你会怎样给自己打分？换言之，你可以问问自己，从1到10分，我是怎样的朋友？我是怎样的兄弟？我是怎样的女儿？我是怎样的员工？如果你像多数人一样，给自己的每个角色打4–8分。为什么这样？因为没有人认为我们自己很糟糕。也许不好，但没有那么差。作为员工，即使我们经常上班迟到，早退，上班时混日子，我们也不会给自己打分很低，至少要给4分，比平均分稍微低一些。也许我们不是世上最好的父母，但是我们竭尽全力了。我们的孩子也许认为我们是1–2分，但是我们看整体，平衡优缺点，逻辑上我们至少4分。在某些方面，我们相当优秀，10分？不，可能没有。也许也不是9分。但是可以是7分或者8分。我们是好的邻居。问别人。因为我们谦逊，所以我们不能给自己9分或10分。我们不完美，但有时会接近。

这种角色评级是一项很有意思的活动，尤其是当配偶之间互相对比答案时，有时会引发精彩的谈话。

现在，我想让你对中间的圆圈做同样的事。如果你要给自己打分，1到10分，你会怎么评呢？除了任何特别的角色，你还会有哪些身份？你知道多数人会在中间写什么吗？是的，永远不会是10分。一般都比外圈的低一些。许多人对自己作为人的方面感觉不是那么好。他们可能会对自己说："我是一个不错的员工，但是作为个人，我没有什么特别的。"

我想让你特别关注下面的陈述，因为它可能是本书中最重要的观念。如果你不在中间的圆圈打上10分，你就不会在其他圆内打上10分。关键点是：我不相信仁慈的上帝会造就7分、8分或者9分的人。所有人都是10分。但是我们在自己的角色中不是10分。那是我们生命的任务。但是如果在我的信念窗口，我是7分的人，我怎么可能成为9分的雇员？不。身体上，情感上，精神上都是不可能的。我做不到。事实是我们都是10分。我们表现得不是10分，但是就潜力而言，我们就是10分。一旦我们接受这个观点，一旦我们把这种观念刻在我们的信念窗口，我们就相信我们很可能表现的像10分，成为10分的兄弟、母亲、配偶、朋友、员工和邻居。

理想和现实有差距，我们表现得并不完美，没事，重要的是我们在缩小差距。有两种方法可以缩小差距，我们可以降低我们的标准，即是说我们不可能成为10分，但我们可以提高表现。降低标准是逃避。是的，我们可能会对自己感觉好些，有些沮丧感可能会消失，但是我们也会感觉空荡荡的。当我们看不清梦想、核心价值观和目标时，我们会感觉空空的。那的确是降低标准带来的后果，它冲淡了我们的价值和目标。因为我们接受了不可能成为10分的谎言，所以我们永远成不了10分。

获得内心平静的唯一途径是设定价值观和目标。不去妥协，而是勤奋地追寻，不易但不是不可能。在我们扮演的角色中我们具有获得10分的潜力。因为我们是10分，所以我们有那样的潜力。如果你在中心填写的分数少于10分，那么读完这一章，你会改成10分。

与“你”一致

当我们讨论到自尊的时候，我希望你能理解关于你的两条基本原则。第一，写在信念窗口的信念会积极或者消极地影响你的自尊。第二，作为人类，我们都是10分。这两个原则通常互相矛盾。内心深处的感觉确认了我们灵魂深入一些超然之物的存在，同时，还有一些其他的东西在不断地说服我们，我们真得是无价的，但是我们却从不关心这一点。遵循内心的直觉引导我们获取内心平静。屈服于无价值的感觉会带来沮丧和绝望，削弱了我们天生的能力和独特的潜能。

我也坚信我们的个人成功和自我实现取决于我们的努力，我们给自己带来幸运。但是那不是偶然的运气。我们内心的自然力量驱使我们走向成功。最近关于运动员的一些研究表明，当他们超越天生的能力时就能超常发挥。他们描述感觉像慢动作一样，清楚地展示了他们正在做的，并且知道他们会实现目标，或者努力成功。在一定程度上，这种过程在我们每个人身上都发生，只要我们明白了它是如何发生的。下面我来阐述一下。

你是否注意到许多人似乎不断地把事情搞砸，而有些人似乎总是生活在幸福之中，一切都很顺利。无论人们怎么认真负责或者真诚，这都没有关系，总是会有一群人的生活穷困潦倒，而另外一群人则是快乐无比。

我的一名好友给我讲述了两位朋友的故事，现实了这两种对比的情况。一个人一直想要一样东西——钱。他尝试了很多方法去实现他的愿望，但都不太有用。他真诚、勤奋、聪明、努力。但是好像经常事与愿违。让情况更糟的是另一位同事一直在赚钱——毫不费力。他以极低的价格买了一些东西然后以高价卖出，赚了一大笔。但他用这笔钱还了房贷、买了新车以后，贫穷再次找到他。同时，第一个男人也买了同样的东西，结果血本无归。第一个男人说他的同事像狐狸一样狡猾，但是其他人都说，他没有计划。大部分时间都看不到他在工作，他几乎是在不经意中消磨时光，并且让一切都为他工作。这没有什么奇怪的。许多人都和我的这两个朋友一样。重要的是：有什么不同？为什么有的人像有魔法一样，总是在合适的地方合适的时间，偶然的遇见机会和成功——而我们其他人只有看着的份？

我想说的是一致性。你可能会说，“你一定在开玩笑。这是个笑话，对吗？”让我用一个小例子解释一下。在一次聚会上，几个会计师穿着带纽扣的衬衫，开着两辆车，带着家庭出席聚会，那些穿着相同和肤色相同的人可能会遵守团队的标准和期望。一位参加聚会的会计穿着像嬉皮士，在这样一个群体中会感到格格不入。

现在，我们再举一个例子。如果同样的嬉皮士会计打算参加一个“另类会计”聚会，他可能会成为一个遵从者。而另外一个唯命是从的人参加这种会议有可能会揭竿而起。一致性，你明白了吧，完全是根据环境和情况而定的。

当我们违背我们的意愿和价值时，跟随别人的行为，一致性通常不会起作用。这种一致性通常蒙蔽我们的双眼。我们忙于效仿他人而错失了机会和解决问题的方法。多数情况下，这就像你站在一堵墙前面，你不断地用头撞墙，想着只要不停尝试，使劲去撞，你就一定能撞破。

如果你发现自己不停地在撞墙，你可能就是在遵从你信念窗口的信念。“去实现完满（高兴、富足、成功或者其他什么的），我必须遵守其他人认为必须做的。”其他人是我的朋友、同学、同事、同伴、或者教友，这都没有关系，如果我们从他们那里寻求自我价值的确认，并接受他们的价值是绝对正确的，我们就是在让他们控制我们的生活，甚至都没有质疑或者意识到我们已经失去了对生活的控制。

盲目的接受是最糟的事情，至少会给我们留下阴影和浪费生命。亨利·大卫曾经说："大多数人都过着悄无声息的绝望生活。"绝望来自盲从他人的价值观和理想。亨利也说："如果一个人没有保持与同伴一样的节奏，可能是因为他听到了不同的鼓点。"让自己根据听到的音乐踏着脚步，不管步伐多么沉稳或者遥远。这是很棒的建议。实际上，这就是我们之前谈论的魔力的秘诀。

让我们回到墙。头碰墙只不过是让别人的价值观为你工作。我们认为它应该起作用，但却没有。至少没有像那些更现实的穿墙方式那么容易。你看，在你碰头的不远处就有一扇门。你不需要钥匙去开启它，它甚至没有锁。但是通过那扇门你必须接受不同的假设："为了自我实现，我必须跟我的特点保持一致，跟随我们价值观的鼓点。我们幸福和成功取决于做我自己和坚持我的独特潜力。"我称这种观点为"与你一致"（你自己的独特性）。

听起来简单，但是经过那道墙进门并不容易。它需要思想上的重大改变。你不能再习惯性地说你的失败是别人的过错。你认识到你对你的成功和失败负责。

我们不得不承认，我们喜欢相互控制，强迫其他人按照我们的思路去做。更糟糕的是，实际上我们自己经常喜欢被控制。我们渴望别人的价值观给我们的安全感。但是在所有错误的信念中，我们不喜欢一些行为的结果。

整本书的主题是控制你的生活是你的，而不是别人的。你是独一无二的，如果你对生活失控，你也失去你的独特性，你成为了别人价值观的影子。当你相信你是独特的时候，生活中的真正成功便走向你。

你的汽车有超过15,000个零件。显然的，每一个都是独特的。你不能用15,000个钢轮造一辆汽车。但是15,000个独特的部件在一起，一台时速65英里/小时的机器就诞生了。同样的魔力存在机体和生命系统中。我们不能把15,000个不同的汽车部件变成同一个，为什么我们不能把别人变成跟我一样的魔力呢？或者更糟糕，把我们变成他们的克隆。对任何组织——大到美国社会，小到一个家庭——正确地工作，我们必须识别并加强我们每一个人的独特性。

我想让你花时间思考一下你敬佩的三个人。他们也许是历史名人像林肯或者修女特蕾莎，或者是我们生活中的普通人。问你自己这些问题："这些人屈服于别人的价值观了吗？我猜那就是我们的敬佩之处，他们就是他们自己，他们与他们的独特一致。

"别人"一直不喜欢这些步调不同的人。他们努力控制这些人，甚至消灭他们。破墙进门需要你付出很高的代价。但是当你去做时，魔力便会出现。天才发明家R·巴克敏斯特·富勒，曾经说过，当他遵从自己的想象力，一切就成功了。但是，当他按照多数人做的那样，按部就班地工作时，事情越来越糟。在我自己的生活中，我发现当我遵循我的梦想时，魔力就在那儿。人、资源、机遇巧合地出现在一起。当我们随大众时，魔力便消失了。

有两个问题帮你找到魔力：

1. 我想要的是什么？这个问题很难回答。它揭示你的核心价值观。直到你找到你真正重要的事，你会经历“本应该做的事”和“应该做的事”的磨练。

2. 过去是什么在我的生活中起作用？回想过去的时间，魔力和事情发挥作用。弄清常规类型：境遇种类、涉及的人、你的具体所为。这些重复的类型会铸就你未来的成功。

动机的三个层次

为了使你明白我们许多动机背后的情感，让我给你介绍凯·艾伦在他的著作《由爱到恨的旅程》中阐述的一个观点。艾伦说有三种情感激励着我们的多数行为：害怕、责任、爱。这三种情感会根据我们的个人满意度和自我实现感来排序，分为低级情感、中级情感和高级情感。无论你在做什么，除非你是自动驾驶仪，没有激情和习惯，你通常在这三种情感下生活。

低级情感当然是害怕。害怕的感觉是：我必须这么做。一些人出于害怕上班，出于害怕完成日常任务。如果他们不去上班，会被罚款。我们中一些人甚至是出于害怕带配偶出去吃饭。

害怕是一种微妙的情绪，有些人会对自己的孩子过分保护，不仅仅是因为爱着他们，而是因为他们害怕会发生什么。有些人进入职场会导致自己的巨大沮丧感，因为如果他们去追随自己的梦想，他们害怕父母或者母亲可能会怎么想。

害怕是很大的动机。唯一的问题是经历它的人感觉会很糟糕。为什么它使我们感觉糟糕？因为它是外在的动机根源。当我们害怕时，我们在回应他人的价值观。害怕可能是最强的回应模式。当我们回应的时候，我们放弃控制自己。当我们出于害怕做某事时，谁控制着我们的生活？我们脑海中会惩罚我们的人。

中级情感来自责任，我们的责任感。我应该这么做。人们出于责任忙里忙外。他们做事出于他们的责任而不是他们想做。他们一般有值得称赞的价值观，尤其是高度的公平感。“我拿了一天的工资要做一天的工作，因为这是非常光荣的事情。”“我努力工作来供养家人，因为他们值得我去付出。”“我把钱捐给了童子军，因为这个机构在我小时候遇到困难时帮助过我。”

职责是比害怕更为有效的激励因素，但它仍然是一个外部动力。谁让我们感觉有责任去做某事？部分来自我们荣誉感，但是我们荣誉感通常潜伏起来，如果人们没有抓住我们所谓的义务绳索，我们可以感觉它的存在。有时，在绳子上还有一根几乎不易觉察的链条。我们亏欠了他们，除非我们全部付清，否则我们的责任感会让我们不舒服。因为老板付我钱，我欠老板一天公平的工作。以非常现实的方式，通过我的责任感，他控制着我的行为。我也许不爱我的工作，但是我要竭尽全力——这是我的职责。因此，我奉献了我的时间、能量、才能，但是没有付出我的心。

最高级别的情感是爱。你知道的，爱鼓舞着各种各样的行为。如果我爱我的工作，我不是为他人而做，我做是因为我爱它。我沉迷其中，机会到处都是，我会在其中找到成功和满足。如果我爱孩子而不是害怕他们，我就不会限制他们不切实际的要求。我信任他们、教导他们。我让他们进入真善美的世界，渴望为自己而活。

压力

我很早就提出了以别人的观点作为参照的生活是充满了极具压力的生活模式。无论什么时候我们遵守着一个从别人身上发掘却不适合自我的规则，内心的自我矛盾产生了压力。让我以自己生活的一个实例做一个阐述。

几年前我遇到了一个很有趣的人，他在美林公司从事研究和咨询工作。他是一个叫罗伯特·艾略特的心血管外科医生，他的心脏曾经遭受过损伤。因此，他很熟悉有这样心脏遭遇的人所经历的事情，并且他还对压力和心脏疾病进行了许多开拓性的研究。

艾略特医生做了大量工作，研究产生日常生活中压力的原因，后来，他创建了一个研究所，在这里管理人员通过测试来决定受测者的反应是冷静的还是剧烈的，帮助他们寻找正确的平衡以避免心脏损伤。在我告诉你们我的经历之前，我希望你们理解并区分冷静和剧烈的反应之间的不同。当人们经历压力时，心血管系统以一系列反应来适应人们对于承受压力程度的递增。例如，当你经历压力的时候，身体里的静脉像花园的软管一样运输大量血液。如果拿起一个软管，系在两辆汽车上，然后拉紧它，汽车将使软管延伸开来，然后软管将会变得更细了。那跟我们身体静脉系统在承受压力时所发生的变化是一样的。每个人都会经历这样的生理过程。然而，热冷反应的不同之处在于，我们的心脏是在一个充满压力的环境中。

当静脉在剧烈反应的压力下，心脏会提高跳动频率，然后集中更多的血液通过这个动脉。这将导致血压上升，所以标志一个剧烈反应。从另一方面而言，当压力在一个冷静的反应下产生，心脏将会降低频率集中更少的血液通过那些小而狭窄的地区，而不是让剧烈跳动来集中较多血液进入一个狭窄的血管。因此，这就是熟知的冷反应。具有冷反应的人很显然出现心脏病和中风的几率很低，因为他们的心血管系统在一个充满压力的环境中都不会负担过重。

关于整个过程中最有趣的是实际上我们可以训练整个身体系统像冷反应一样运作。当我们处于压力的时候，我们能够减少这个集中通过到动脉系统的血液量。就是这个曾经可能的事实让我兴奋不已。

在理解这个冷热反应的概念以后，我决定拜访一下艾略特医生的身体素质研究所，检测一下我是属于那个反应类型的。这个测试将花费一天半的时间完成。在检查开始前一天晚上你就要来到实验室。在正式的测试之前，人们会建议你在接下来的一天半中吃什么东西。然后他们用整整8个小时全部检查你的身体，就好像你是在一个检修站一样。

他们对我进行各种测试。他们把我放在跑步机上，在身上布满15块不同的电极，提升跑步机的速率，速率上升到我心脏像发疯似的乱跳，然后我被放入一个房间。这是一次非常有意思的经历。我坐在一个椅子然后经历模拟充满压力的事件去判断我的心血管系统在压力下的具体反应。再一次，我的身体上贴上至少14个不同的电极显示器。我独自留在一个有屏幕的房间里。一段引导视频出现在屏幕上，介绍说明将会有3个测试，他们要把我置身于充满压力的模拟环境中。他们在隔壁房间监视我的心血管系统，希望我尽可能地跟随这个指示。

请明白我已经完成了跑步测试，所以他们已经掌握了我心血管系统在物理压力下的变化。我即将去做的测试压力是情感和心理上的。第一项测试是让我在屏幕前打乒乓球。这是一项非常经典的测试，一个小球从屏幕的顶部掉下，我通过不断敲击我所座的椅子上的按钮用一个小盘在屏幕底部接住它。他们解释说这个游戏可能会持续60–90秒，我需要尽最大努力去接住每个掉下来的球。游戏开始，很像现在孩子们玩的电子游戏一样。小球不断从屏幕上掉下来，我将抓住它们，它们的速度似乎不断在增加，变得越来越快。我不得不越来越快地敲击按钮，我玩的非常高兴。与此同时在另一个房间里，针形探测器正在追踪我的变化，用电子图形模式展示我心血管系统的工作。

监视器的引导词告诉我接下来的测试是让我口头计算从777倒着每次减去7，大声的，尽我最快速度去做。我被要求准确无误地持续一分钟尽可能倒着数最多的数。他们说如果我准备好了，只要说“好了”，我就可以开始了。所以，我开始了减法运算，我数着777、770、763等等。我并没有做的异常快。我发现准确度对我更加重要，当我数到越来越远的时候我尽可能慢了下来。我记不起我倒着数了多远，但是我返回到了一个非常好的数字。在这一分钟结束的时候，屏幕上提示这次测试已经完成了。

屏幕提示我最后的测试是他们将用一桶冰放在我的椅子旁

边。回到那一点，我没有意识到这桶冰，但是在我的右手边，它确实存在，常见的10号桶，充满冰水，并丢了一块毛巾。测试人员让我从桶里取出毛巾，我注意到桶里装满了冰和水。测试人员解释说这个测试需要我把我的整个右臂放到水桶里，并停留60秒。这是痛苦的，不过他们提醒我，如果坚持不了60秒，我可以把手取出来，但是，在这么做之前请告诉他们。

在测试开始之前，监视器说，“知道这也许有一些痛苦。多数人都可以做得到，所以不必担心。”那对我来说是一个不小的挑战。但我想每个人都可以这样做，那么对我来说应该是小菜一碟。当提醒我把手臂放进水桶时，我把右手和手臂侵入水桶。冰块和水淹没了我的前臂。最初的3、4秒，我没有什么疼痛感。此时，我想“也没有那么糟糕！”第7、8秒的时候，我极度痛苦。当发现痛苦在增加时，我对自己说：“既然别人可以做到，我也可以做到。我要向他们展示我可以做得到！”所以我让自己的手臂在水桶里泡了60秒。

监视器屏幕切回现场，告知我60秒时间到，我可以取出我的手臂。我决定向他们展示我有多坚强，我又在桶里坚持了10秒。然后，我拖出发红的极其疼痛的手臂。我取出毛巾擦拭我的手臂，围上一圈，直到血液重新流动。

监视器接着说：“史密斯先生，我们已经完成了测试。我们需要在其他房间做别的测试。在我们完成计算数据的时候，请放松3–4分钟。”

当监视器告诉我放松的时候我正坐在椅子上。我想，好的。我又坐在那儿放松了3–4分钟等待他们完成计算。在3–4分钟结束的时候，一位先生进来取走了我身上所有的电极。今天的测试完成。

第二天早上，我跟我的咨询医生布什博士就我之前的测试数据谈了两个小时。他告诉我一些不错的事情。他说："史密斯先生，你是我们见过的最冷静的人之一。”他向我展示了测绘图，我在各种极端条件下的表现。当压力出现的时候，我的血管和心脏没有过度反应。我记得我有意地强迫心脏那样做。那不是我被训练做的，而是我想做的。

接着，他向我展示了我在电视监控下的情况。当我打乒乓球的时候，我的心脏血管有明显的波动。在做减法的时候，没有什么问题，我冷静得像黄瓜。当我做冰水测试时，我的心率有一定的上升和回落，但是都在正常范围之内。

在翻到下一页之前，他说，“你很难放松，不是吗？”

我问他，“什么意思呢？”

我的心脏血液系统唯一剧烈起伏时显示器说："史密斯先生，我们想你在接下来的3–4分钟放松一下。”在它说放松的时候，我的整个系统拒绝放松，我的心率上升，我的血管收缩。

这是我很清楚的一件事。我的妻子一直告诉我要放松。在测试中我才发现了这一点。回顾年轻时，我想起学过的效率和运动在某种程度上是相关的。我能回想那种感觉，如果我不移动或者不做事，我对自己或者他人都毫无价值。我完全拒绝放松的想法。

多年来，我们家没有放过假。假期是我认为没必要的。我热爱且一直热爱工作。花时间放假对我来说是很难的。但是由于这次经历，我决定放松一下我自己。停下来享受生活，再给自己充充电。就像我的朋友史蒂文说的那样，我需要时间锋利我的锯子。

过去的几年里，我每年的七月和家人去度假。我清楚的记得我们第一次休息一整月，一周后我便觉得空虚。我强迫自己克服它，和家人享受美好的假期，不考虑任何与工作有关的事。在那之后每年我们都会这样做。

我发现我的周末对我来说十分有趣，即使我在家也有许多事要做。例如，我在犹他州有一个牧场。这个牧场有两千英亩，养着18匹马，100头牛。我很享受跟动物一起工作，打扫牧场。这对我来说是一种放松。我回到农场的家里，和妻儿老小一起坐下来，或者只是来参观一下，即使什么也不干，心中也不会感觉有什么不对劲的。

我相信通过测试真正改变我的是我信念窗口上的信念。我小时候的旧信念是“效率和运动是一样的。如果你不动，你就不会高效；你不高效，你就没有价值”。

新的信念是“运动和效率没有必然的关系”。忙碌和高效也不尽相同。放松是可以的！”我发现当我接受了这个新信念，我不再受外界压力的束缚，我能更好地控制生活。我可以没有愧疚感，不再感觉无用。我脑海中“如果你放松你就无价值”的声音消失了。

记住，当你的自身价值建立在外界——别人的意见、物质的东西或者其他一些——你将长期处于麻烦之中。对自己感觉好是追寻内心平静的重要因素。我们在本书开始弄清了核心价值观构成了自尊的基础、检查信念的方法，这些会帮你移除自我欺骗的行为。

一位伟人曾劝诫年轻男女，“做你自己，就是完美。”做完美的自己就是我们所能做的事。以提升自身形象为武装，看最后一条自然法则10，我们将讨论生活中的一大悖论——付出越多，拥有越多。

GIVE MORE
and YOU'LL HAVE MORE

法则10 在奉献中成就自我

付 出 愈 多 ， 收 获 愈 大

50年代初期，我们全家住在夏威夷岛，我父亲曾是一位演说家，我的母亲则为当地的一名小学老师。当时我们的经济状况并不是很好，事实上当我长大后才明白这一点。回想小的时候，我发现我们的家境只能算是勉强过得去，但我们从未穷困潦倒过。我突然意识到破产和贫穷之间有很大的差别。在我的生活中我经常破产，但却从未变得贫穷。贫穷是一种心态，但那完全是另外一个课题。

我在夏威夷岛长到8岁的时候，很明显这个圣诞节家里将变的很拮据。我的父母也很焦虑这个问题。他们在十一月末或者十二月初的时候把我和我的兄弟姐妹（一共七个）都聚集在一起，向我们解释圣诞节将没有很多的预算开支。我们每个人可以挑选一件真正想要的礼物，这个礼物很有可能是我们收到的唯一的礼物。

由于某些原因这件事情成为我年轻时一段清晰的回忆。我记得对此进行了认真的思考，最后答复父母，并告诉他们我真正想要的是一篮的苹果。我喜欢苹果，至今依然喜欢。

父母被我圣诞节所想要的礼物震惊了。他们告诉我他们要竭尽全力满足我的愿望。据他们讲，他们一直到檀香山的杂货店才询问到一篮苹果的价钱。你必须清楚夏威夷不长苹果，苹果要一个个地包装起来再装船运输到这里。这可能是我要求过的最昂贵的礼物之一。

在圣诞节的早上每个人醒来时，我们都像以前一样兴奋（我也一样）。我们家的传统是在早餐后排队，然后每个人走到屋子里一起去看来自圣诞老人的礼物。当我走到房间，在一个角落，那里是指定的我的区域，我看见了我所见过的最棒的一篮苹果。在一个大箱子里，每一个苹果都用黄色的纸包着。我兴奋极了。当每个人都打开自己的礼物后，我立即抱着我的一篮苹果，到邻居家去找我的朋友。不到一小时我就把苹果全部分发出去了，我不记得为什么要这样做，但我却记得当我把苹果分享给邻居家的朋友时是多么的美妙，即便他们在太阳下山后将离去，我也不会在意，这也未能够或者将对我构成问题。

我怀疑这是我第一次感到精神上的满足。这种精神上的满足就是认为这个世界对每一个人都很慷慨的思想。如果我们将自己拥有的与其他每一个人进行分享，每一个人都能成功。从那个圣诞节至今，这一直就是我的至理名言，我由衷地相信这一点。

分享财富

在这个国家或者这个世界上，我们在创造财富时从未有过任何麻烦。作为人类我们面临的问题就是财富的分配。有的人拥有大量的财富，有的人却生活在贫困之中，它不仅存在于这个国家，而且存在于整个世界。我不时地反思那是多么悲惨的一件事啊！为什么我们不能像培养创造财富的能力一样去培养分享财富的能力？斯坦贝克在他的杰作《愤怒的葡萄》中写到：人们可以移植树苗并使植物多产，却不会想出方法让穷人去吃他们的产品，世上能够创造新水果的人们不会创造出一套让他们的水果被吃的系统。这种失败就像一种巨大的悲哀笼罩着这个国家。

目前没有简单的方法来解决这个困境，但是如果我们采取一种富足的心态，我相信我们作为个人能够产生一定的影响。这种思想，概括来说就是：当个体累计的财富超过他们过好生活（每个人对过上好生活都有不同的看法）所需，他们所花费在过好生活上的东西和创造出的东西之间的差额并不真的是他们拥有的。这种额外的财富只是他们的负担，是需要他们去管理，并且要付出心血的东西。

例如，按照我喜欢的生活方式生活一年需要花费4万美元。我拥有一种能力，每年可以创造10万美元的价值，在给“山姆大叔”缴税，满足家里其他的必要开支之后，我还能节省不少钱为家人的未来提供安全的保障，接着我有义务用其他的6万美元做些与众不同的事，用它来帮助这个星球缓解痛苦、悲伤和灾难。

许多年前，我有机会去丹佛演讲。安排我演讲的人是一个住着800万豪宅的非常富有的人。我还记得驶过那幢豪宅的经历。我印象非常深刻的是那是一个相当华丽宏伟的地方。但是当我飞回盐湖城时，我一直在想他所有的开支大约是100万或是150万左右，剩下的600万或是650万，为什么不做些事来缓解别人的痛苦，去帮助那些无法帮助自己的人。

请不要误解我，我将用生命来维护这个人拥有那栋800万房子的权利。那是自由经济的全部核心。在另一方面，如我所想的，我觉得这里有道德上的因素。任何一个拥有比所需更多的人都有责任去利用这些超出的部分去帮助那些拥有少于他们所需的人们。

现在我不对丹佛的那个人做什么判定。在这一方面，我们没有任何人拥有足够的信息去判定其他人。或许这800万的房子只代表了他所有财富很小的比例。我可以很确切地说事实是这样。或许他拥有1亿并花了9千万去帮助别人。我对此毫无概念也对此人毫不关注，但我的确怀疑他是否考虑过这个道德问题。

我们有义务去对这种差异做些事情，如果我们做了，一种人类行为的自然法则将生效并告诉我们将产生很多的好处。然而，做些什么和怎样分享这种差额，是更困难的事情。我们发现对这种不同的做法进行立法并不能生效。苏联和欧洲的宪法体制曾证明这一点。我们现在见证了这些宪法的坍塌。他们尝试通过法律强制分配财富，但无法执行，且并未能创造出一种充足，相反的是这种方法带来了匮乏。我们在不同时期的不同地区均发现了这种现象。

你不能通过立法来分配财富。它需要自愿完成。必须由想要的人来实现，因为它是正确的事情。我们仅仅只是捐钱吗？可能不是这样的。福利体系已经证明了捐钱是没有效果的。我们是享受福利的第三代或者第四代人。当人们变得仅依赖于福利时，他们将失去他们的自尊，将没有兴趣进行生产。他们的信念窗口会产生这种信念——这个世界莫名其妙的亏欠他们的一生，他们将不会付出任何劳动去换取报酬，我对你深信不疑。

因此，财富的分配怎样才能实现？我希望能对此有一个清楚的答案。在这点上我所有能确定的事情是无论如何我们必须去做的。

当你没有大量的财富去分配时应松一口气。对一个一年能赚3.5万美元或者4万美元的人来说，他们认为："你知道，这里赚10万美元或者50万美元的每一个人应依靠这其中的五分之一生活，并且与那些不够幸运的人们分享它。"

我曾处于那种情况，且很容易产生这种态度。在我生命中处于这种情况时，我发现了一个有趣的事情，发现我自己突然处于一个创造的大量财富远超过我所需要的处境。现在的问题是：我是否愿意把我的财富捐赠？很高兴的是，我可以说这一点都不困难。

我们五个人曾着手创办了富兰克林公司。那时候是1984年初，有一次，我们需要决定我们每个人将拥有哪部分。我可以用充分的理由说明我应获得这个公司的大部分。但我并没有这样做。在讨论会议结束后，我获得了其中的33%。其他成员获得了剩下的股份。当公司成立初期我们在决定谁将拥有多少百分比的时候，所有者持有的股份和比例根本一文不值。今日，我们作为一个上市公司，其股份价值不菲。

随着公司成长，我们不断招募员工，我们发现了两个正确的原则：你不能亲自去做每件事情；做事情的确不止一条正确的方法。这是对我的一个启示。我们开始发现并高薪聘请有专业技术的人才对公司进行改革并帮助我们成长。事实上，关于某些特殊的人才是怎样在我们需要时才浮现出来，这里面还有许多精彩的故事，甚至很怪异。

那时我们认为，如果人们从感情上融入公司的创造和成功中，他们也应该拥有公司的一部分。因此，几年前，我们所有的合伙人决定捐赠部分股份。我们把股份赠给那些曾经帮助公司创业并成长的十来个人，当时这些股份实际上是毫无价值的。数年过去，我们捐赠了其他的期权，以便人们可以拥有一家正蓬勃发展的公司。

当我们在1992年6月3日上市时，发现我捐赠的期权和股份的价值已达到3600万美元（我一直都没有注意到这一点，直到那些带领我们上市的投资银行家告诉我时才知道）。他们对我的慷慨大度感到惊讶。但我没想到这会使别人惊讶，这只是一件应做的事情。

当我从那些震惊和这些期权带给接受股份的人们的影响中反应过来时，我意识到这实际上是心理上富有的证明。我对那些惊讶我捐赠了3600万股份的投资银行家说："如果你们知道我一开始就捐赠了大部分股票的话，你们就知道我已经捐赠了超2亿的股票了。"

根据现在的价格，我仍持有的股份价值6千万美元。我对这位先生说："如果我没有捐赠那些股份和公司的所有权，我现在持有的所有权无论如何不止6千万。如果你接下来几年关注我们股票，我持有的股票同我所捐赠的股票相比，会逊色很多，但是我一点儿也不会感到吃惊。"

他变得目瞪口呆，我不确定他相信了我所说的。但我坚信那是真的。我今天是多么的富有，我富有是因为我愿意分享财富。我相信那是我对这个国家的付出。如果我们找到与其他人分享多余财富的方式（特别与是那些通过辛勤工作、诚实、创造天赋，甚至是友情证明自己应得那一份的人们），那么财富的增长速度将远远比我们自己囤积的速度快。这是一个自然法则。如果你想成为一个富有的人，实现的最好方法是与别人分享你所拥有的。分享将扩大拥有的感觉，囤积只会扩大羡慕与怨恨。

这里我附带讲一个关于苹果的有趣的故事。在1992年6月5日，斯里兰卡盖洛普公司邀请我到他们公司的名人堂参加一个非常亲切正式的晚宴，那里是他们公司办公室的所在地，内布拉斯卡州的林肯市。我认识了斯里兰卡盖洛普公司的总裁兼首席执行官，唐·克利夫顿和他手下一些非常杰出的人。晚宴上克利夫顿赠送给我一个黑色的皮夹，皮夹后边包含了8到10封完好的来自我年轻时对我产生影响的人们的信件。其中一封是来自犹他州我患白血病的母亲。克利夫顿面对获奖的600人读了信件的一部分，令我惊讶的是，母亲叙述了关于夏威夷岛上一篮苹果的故事。当他念完信件并对我和我的家庭做了一些良好的描述后，克利夫顿赠送了我一篮漂亮的鲜红苹果。这对我是一段十分感动的经历。我接受了这些苹果，感觉比他们送我的那些牌匾更荣耀。晚宴在颁奖典礼之后举行，我把这些苹果拿出来放在了盛放晚餐的桌子上与出席的所有人进行分享。

又一次，我发现自己想起了8岁时的经历，并证明了心理上的富有是宇宙的一种自然规律。如果我们愿意分享我们所拥有的，许多人的生活就能变得幸福，我们所遗留的将成几何比例增长。我坚信这一点。然而，不仅是这个国家，是整个世界，我们需要发现当我们创造了比我们自己舒适和安全所需要之外更多的财富时，我们有责任作为一个管理者把多余的奉献出来，用于造福他人。我相信，如果每个创造出这种财富的人愿意作为一个管理者看待它，世界上的贫穷、痛苦和疼痛将减少很多。

教学

心理上的富有不仅限于经济或者物质财产。这个原则适用于生活中能让我们富有的各个方面。如果我们通过天赋或者辛勤的努力获得了一定领域里的丰富知识，按照这个原则我们不应该将其私藏起来，而是要进行分享。这就是我们大学（甚至我们整个教育系统）建立的基础。然而，教学比仅仅分享知识还要复杂一点。

教学还有第二个目的：改变生活。新的知识如果不能改变我们，使我们每个人变得更好，帮助我们具有更高的生产力，让我们变得更幸福更有用，那么它将毫无价值。在富兰克林公司我们认真对待教学的第二个目标。我们就时间管理，目标设定，压力管理，以及其他能帮助人们操控其生活的其他方面举行了数以千计的研讨会。在这一过程中，我们发现了一些重要的东西。老师必须拥有比知识更多的东西才能来影响未来的学生。

作为一个大学生我听了教授讲的许多演讲，但是他的学生生活并未有改变。某些东西丢失了。我相信丢失的东西是能量。教学是文字的真实感受，是能量的传递。它是一种生命的力量。一个生命充满能量（充满活力和动力）的老师能够传递这些能量给他的学生，使他们变得更具活力，这就是激励他人。它是知识的传递，更是能量的传递。关键是如果老师的生命是空虚的，将没有可传递的东西。如同尝试用一块没电的电池去启动一辆汽车。相反，只有当你站在更高处时才能提升其他人。你必须拥有比你尝试教授的更多的能量和知识，否则他们的生活不可能改变。我们上面提到的自然法则在这里将发挥作用。任何一个有影响力的老师将告诉你，如果你与别人分享你的知识，尝试帮助其他人理解一个新的方面的同时增长你自己的理解。往往，老师学到的比学生多。

仆人领导者

教师和领导之间有许多相同的地方。事实上，有人说过好的领导就是老师。为什么？因为好的领导激励人们去改变，表现出更高的水平。这就是教师和领导的一切。然而，一个真正的领导有大量的想法。

如果我们将本章讨论的概念得出逻辑的结论，我们必须问自己真正的领导需要什么特性。一个领导也许要有丰富的知识或者充足的能量，但是，我认为真正的领导是有力量的。这不是职位或者财富的力量，是影响力。因为真正的领导有影响力，他有责任去分享，换言之，能够给追随者授权。具有讽刺意味的是，除非你有那样的权力否则你不能给追随者授权。接着美妙的事发生了。这是激励人的秘诀。你把他们给你的归还给他们，这是协同的结果。那就是我们所谓的仆人领导关系。简单地说就是通过成为他们的仆人而不是主人来分享你获得的权力。

当我在军队的时候我第一次发现了这个原则。你也许会觉得那是一个来了解仆人领导关系的奇怪的地方，但那的确是我发现的地方。我很快发现除非我亲自到场，否则我无法激励人们去做任何事情。当我在场时，他们能做我想让他们做的；但当我不在场时，他们做他们想做的。我脑中浮现一个问题。“作为领导我的作用是什么？”我问我自己。我脑袋灵光一闪。答案是简单的：我的作用是建立一种模式，他们做我想让他们做的——甚至当我不在场时——因为他们想做。我必须让他们想要我想要的。

当我进入军队时，我被任命为军官。原因是我想结婚，我妻子的父亲不希望他的女儿嫁给一个士兵。我努力学习，最后以优异的成绩毕业，这样我就可以自主选择服役的部队。我选择了勃兴导弹，被派往德国担任勃兴导弹的指挥官，管理一个发射基地，我们有四枚核弹头，每一枚都比广岛的核弹大32倍。我们每两个月都要在德国的郊外呆30天，随时做好发射准备，目标直指东欧各国。我们有能力在战争爆发12分钟之内发射导弹。

当我接管这只特别的队伍时，士气很糟糕。我的上任指挥官毕业于西点军校，他期望每个人绝对服从，毫无质疑。问题是，这里大多数人是大学生。他们聪明直率，喜欢提出质疑。他们想知道为什么。在我到的时候，士气相当低。一次野外训练时，碰巧俄罗斯的车经过并拍下了我们。本来我们有警卫，但是他们不得不在零度以下的恶劣环境中执勤。

我是刚上任的指挥官，手下管着三个官员，在下面还有许多未领军衔的士官（中士），最后是新兵——这是一个特殊的军衔体制。在这种体制中，军官不能和新兵有深交。你没有在军队待过，你不知道这些。我说："我们应该建造防御设施保护这些卫兵。"因为我们有很多事情要做，以至于没有足够的新兵来建造防御设施，我们有现成的通讯电杆，还有许多厚木板。当我建议给这些警卫建造防御设施时，一位中士说："你说'我们'是什么意思？"

我说，"是的，让我们去做。"

"外边零下10摄氏度。"

"我不在乎有多冷。走，干吧。"

于是我带领这些官员和士官找到电线杆，弄倒它，放倒在路上建立了第一个简陋木屋。我们第一个木屋在凌晨两点搭建成功，警卫们看到军官为他们搭建木屋很惊讶。我们在小木屋内生火以抵抗外界的寒冷。第一个真的很差，但是警卫们认为那是泰姬陵。有了第一个的经验，第二天晚上6点时，我们已经建好了四五个，所有的警卫都可以站在干燥温暖的小木屋里了。

消息很快传开，士气立即改变。有趣的事情开始发生,这些警卫们也开始行动起来了，我们把发射时间缩短到了6分半。三天以后，我们需要建一个公厕，来自纽约的一位中士自愿提出要来挖坑。他从来没有下地干过活，随手就拿起锄头笨手笨脚地挖了起来。很显然，他恐怕是永远也完不成工作了。

我问他："你以前使用过锄头吗？"

他说："当然，我用过。"

"好的，"我说，"让我给你示范一下如何挖坑。"

于是我拿过他手中的锄头，挖了公厕的一半深。10分钟过去了，15个孩子站在坑边看着我们。他们完全惊呆了。我脱下我的制服，只穿了一件T恤衫，我很高兴地教孩子们使用锄头。当我做完示范，他们便都知道如何使用锄头了。

那天，兄弟部队的一些军官正好在这里，其中一个是队长。"你脱掉了你的制服，"他说"你为什么那样做？"

"我为什么脱掉制服？你不能穿着制服挖沟吧？"我说。

"别人知道你是军官却没有穿制服会怎样？"

我看着他说，"你知道的，如果我必须戴上肩章让别人知道我是军官，那么我才有真正的麻烦。"

这个人完全弄错了。在他的意识中，他只能通过肩章来展示他的权力。在我看来，如果那是你唯一让人们知道你权力的方式，你已经输了。他们不会到处跟着你。领导让人们做事是因为他们想做而不是必须做。由于行动传达的信息，挖公厕沟和修建小木屋产生了巨大的反响，士气转变了。他们亲眼看到军官关心士兵，我们身体力行去为他们做事，他们便会给予回报。我从这次经验中认识到如果你关心你的部下，他们便会照顾你。那很重要，因为你的成功取决于你部下的成功。

德国的第56炮兵集团军有四个营，需要一名战地总部司令。按照常规，必须是上校才能担任此职务。但是，集团指挥官看到了我在鼓舞士气方面的能力，竭力提拔我为战地总司令。我兴奋极了，我是第一个担任此职务的中尉。但是集团军的士气很糟糕。部分原因是按等级划分的居住条件。他们居住在二战时期德国陆军元帅隆美尔的司令总部，那是一栋6层的楼房，自从隆美尔1944年去世以后，再也没有翻修过，是一个非常破旧的地方。

当我接手以后，我说："这个地方真糟糕，我们必须把它翻新一下。"我问手下人我们怎么做。他说，"我们可以把任务交给工兵部队，他们会做任何我们想让他们做的事，但是这至少得花四年时间。"我问他是否有其他选择。"也许我们可以让德国本地人来做，但是必须得付钱给他们，而我们没有钱。"

"他们带来些什么？"

他说，"他们会带来材料。"

"什么样的材料"

"他们带来胶合板和咖啡。"

我说，"好的，让我们去弄些材料。"

"不"，他回答说，"没有可用的材料。你弄不到。"他列举了我们为什么弄不到材料的种种原因。

碰巧那时法国人拒绝让美国人在法国驻扎军队。他们给了军队三周时间拆卸武器装备离开法国。因为他们匆忙离开，所以丢掉了许多材料。我从一名长官那里听到的。“你知道的，”他说，“我知道我们需要用什么来翻修这个地方，但是我们必须去一趟法国。”

“你知道在哪儿吗？”我说。

“是的，但是你知道这样使用车辆是违反规定的。”

“你需要什么？”我说。

“我需要5辆载重5吨的卡车。”

我们有这种装满设备的卡车。所以我们把设备从卡车上取下来，如果被抓我们就完了。我挑选了十个人，两个人一辆卡车。我说：“三天内必须回到这里。我可以为你们掩护三天，”于是他们动身去了法国所有的基地，三天以后的凌晨两点，五辆载重五吨的卡车满载材料归来。你都不敢相信有那些东西。两卡车的胶合板，这在德国就像黄金一样珍贵，一卡车的咖啡，各种各样的打印机。在一辆卡车里还装了12把老板椅，又大又舒服。我没敢问他们是从哪儿弄来的，我们把它们储存在地下室。

然后我们去找当地的德国人，告诉了他们我们的设计方案。德国人说：“我们可以做，你们有什么材料？我们让他们看了看胶合板。他们从地下室开始翻新，粉刷墙壁，修正地面，安装灯具，全部完工后，整个大楼焕然一新。

当这里的人们看到所有这些变化的时候，他们的士气立刻进发。接着，我们来到他们居住的营房，把德国人打发走了，他们自己打磨橡木地板，用木板包墙，最后都感觉像是住在皇宫里。我们为他们购置了新床，一切新的东西。他们在地上走动时都脱掉鞋以免弄坏房间。

你应该看看我的办公室。你听说过陆军中尉坐着将军椅吗？难以置信。我们最后整理食堂，我说，“我想让它看起来像个餐馆。”因此，我们重新铺地板，粉刷墙壁，还搞了一张提顿的画像，13英尺长,8英尺高，挂在了墙上。我们购置了新桌椅、桌布和蜡烛。这大约用了一周时间。消息传遍了整个欧洲。当他们第一次看到时，惊呆了。因为在我们装修时，我们封锁了消息。

你知道这带来了什么结果吗？在野外的时候我每天晚上都吃牛排，虽然我不知道牛排是怎么来的，但是食堂的中士告诉我，“嘿，你照顾我，我也要照顾你。”但是更重要的是队伍的表现。一旦发生战争，我们要在两小时内动员起来。当我到那儿时，他们可能需要三天才能完成。但是自从重新装修之后，人们都很自豪，他们的队伍能够在45分钟之内移动。整个局面的快速转变让人难以置信，这都是因为我们认为作为军官要为人民服务。

我们的集团军司令一直想要一个高档的金属海报栏，但是一直没有得到。我们刚好在法国发现两个。我们把两个挂在一起刚好配上房间的大小。总司令看到新的海报，高兴地说：“你们从哪儿弄到的？”

“我不知道”我回答。从那时起，我和传令官之前没有任何问题。他来到我的办公室看到我的椅子说，“嘿，你从哪儿弄来的椅子？”

“不要问，你想要一个吗？”

他说，“我喜欢极了。”

20分钟内我就把它送到了他的办公室，他惊呆了。

关键是：“当我有点权力，如果我愿意我可以支配你，但是那没有用。你没有通过支配他而获得结果。仆人领导的魔力在于我们可以给人下命令，但他们不会感觉被要求。

鲍尔斯上校明白了这种想法，一天，几位将军来参观，其中一位走进了凡·温克尔的办公室，凡·温克尔上校在军队服役很久了——我认为他肯定是在福吉谷——并且他明白上校和我所理解的领导力。其中一位将军走了进来，坐在凡·温克尔的办公桌上，这位中士说：“将军，请把您高贵的屁股挪一下。”

这位将军看着他说，“你确定吗？”

凡·温克尔说道，“是的，将军，请把您高贵的屁股挪走。”

这种将军走进鲍尔斯上校的办公室，说道，“上校，你的中士刚才让我把屁股从他的办公桌上挪下来，你打算怎么处理这事呢？”

鲍尔斯上校看着凡·温克尔，问道，“你让这位将军把屁股从桌子上挪走？”

“是的，上校。”

鲍尔斯转向那位将军说道，“请把你的屁股从他的桌子上挪走。”

你可以想像到凡·温克尔对鲍尔斯的看法完全改变了。更重要的是你能想象他们对自己的感觉。在前一章中我们讨论过自我价值和效率之间的普遍联系。没有比领导为下属服务更能让人们感觉到他们自身的价值了。简言之，如果你想让人们更高效，就为他们服务而不是支配他们。

所有的经理都有一种授权。如果被用来支配和打压员工，那么这种授权是效率极低的。以这种方式使用授权的人没有一个有影响力。仆人领导，另一方面来说，也许没有授权职位，但是他们拥有真正的权力，能够真正地影响人们，因为他们已经得到它。当你被信任有那种权力时，你有义务去分享它并将之授权。

我们需要记住一件事情，当人们同意给我们权力，培养我们的领导力时，我们认为权力的问题是一把双刃剑。很早之前我听到一种说法，不知在哪儿听到的，但对我有很大的影响：领导的权力是误导，误导的权力是破坏。

当领导能力提升和加强时，我们必须记住领导力可以用于邪恶。希特勒可能是世界上最伟大的领导者之一，但是他用自己的领导力去破坏。乔治·华盛顿也是伟大的领导，他却用他的领导力去构建、帮助、创造。领导力意味着责任——帮助他人的责任、授权他们去做更多的事。这才是真正领导的标志。

富足中的平等

平等是美国人信奉的价值观。“我们认为下述真理是不言而喻的：人人生而平等，造物主赋予他们若干不可让与的权利，其中包括生存权、自由权和追求幸福的权利”，杰弗逊在《独立宣言》中说道。我们所说的这些权利是每个人的，没有特权。我们不认为一些人比另一些人更值得过好生活。我们想人人拥有好生活。平等是我们的信仰。

尽管它是判定人类行为水平绝对自由的方法，思想丰富是巨大的平等力量。思想丰富能够努力提高每个人的境界。我们有时想，因为最近几年自私的风气助长，自由民主的目的让我们在物质基础上提升自己，追寻自身的思想。但那不是全部。我们美国体制是以这种方式建立的，个人可以获得富足，但是这种体制所赋予的特权伴随着寻求提升整个社会的义务。如果我们关注特权而忘记义务，体制就会瓦解，这就是如今它不能运转的原因。我们忽略了思想丰富，我们忘记如何分享、如何互相促进。

你也许会好奇思想丰富和仆人领导力跟现实模式和控制生活有什么关系。对我而言，在寻求我们所想要和需要的一切过程中，生活所赋予我们最大的秘密就是奉献自己，这是最为强大的自然法则。我们信念窗口所有的信念是我们寻求内心平静时最深奥的东西。

我知道它看似与常识和人类特性所告知我们的一切背道而驰。但是，对我而言，那是观念奇特之处的一部分，是我们在弱点、自私和非人道主义赛跑中的提示，也是更高贵的预言。一些神圣的东西存在我们体内，我们通过分享天赋、诚恳待人、增加光明、传播他人来回应我们的内心之光。当内心无私时，人类的底线可以被友善和慷慨触摸。对于那些付出的人，给以他们回报最好的礼物就是——内心平静。

“你们要给人，就必有给你们的，并且用十足的升斗，连摇带按、上尖下流地倒在你们怀里；因为你们用什么量器量给人，也必用什么量器量给你们。”

——《路加福音6：38》

总 结
Conclusion

融为一体
Putting It All Together

我们进入这次学习的尾声。如果你一直和我走到现在，你会发现检查核心价值观的方法和信念是不容易的，也不一定是开心的。当我第一次接触这种方法时，我很难用语言描述我思想层面的东西。当我信念窗口的一些信念被拿来检测时，是相当吓人的。但是，认识到真正对我重要的东西是我生活所经历的分水岭之一。接着，当我建立生产力金字塔，开始应用价值指导事件控制的方法时，我开始体验我们所追寻的内心平静。同样的方式，使用现实模式理解我们信念窗口上的东西帮助我继续追寻内心平静是重要的放大灵魂的过程。

尽管你学习了第二章中的材料和练习，你也许没有明白现实模式和生产力金字塔之间的紧密联系。事实上，两种模式是同种方法的两种视觉呈现。你可以在下图中看到平行线。为了使线上的要素合适，我们将现实模式的末端朝上。

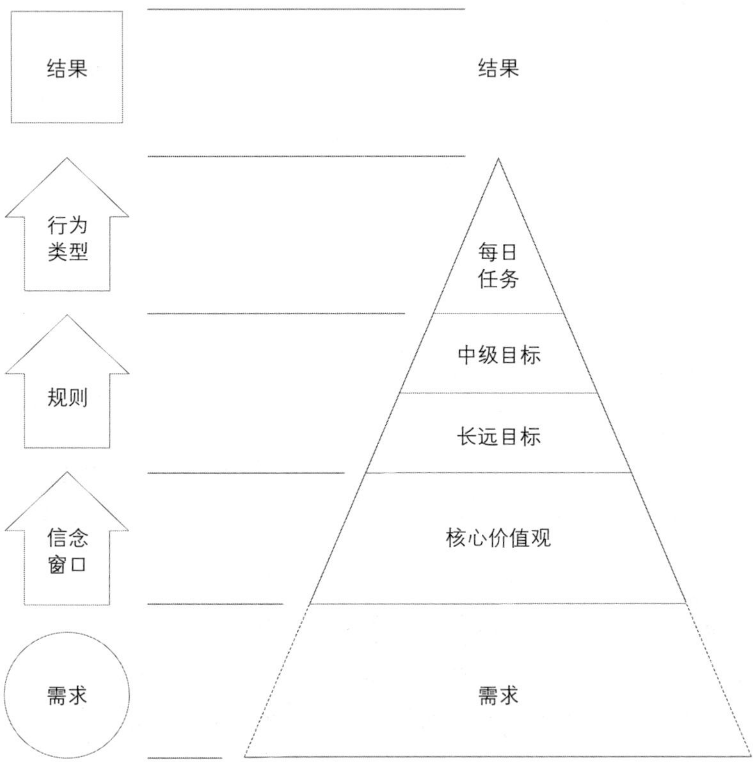

注意需求转盘代表了位于金字塔中核心价值观之下的认知级别。在生产力金字塔，如果我们在其底部挖掘更深一下，我们可能会发现这一级别。同样的，现实模式的结果代表了只有隐藏其中的高于金字塔的水平。现实模式中的结果要素位于金字塔的上方；核心价值观就是信念窗口的数量化；长期目标和中级目标是核心价值观的结果，规则的表现形式；每日任务是你每日行为的一部分。

正如你看到的，现实模式涉及你生活中更广的范围，然而生产力金字塔关注我们如何完成事件的方法。但是这两种模式是帮助我们实现内心平静必不可少的工具。你可以使用现实模式帮你弄清更深的价值观和动机，帮你弄清和改变不起作用或者不反映现实的信念。使用生产力金字塔可以将价值观和动机编成系统的程序并植入你的日常生活。你有意识地描述你的价值观和信念为长期和中级目标，而不是无意识地转化价值观和信念为规则和目标，日常活动这样就被系统地完成。

在我们总结之前，我想给你增加一点东西。如果你认真地在字里行间阅读，你就会注意到内心平静来自让特定的事之间相互一致。第一部分，我强调了如果我们想体验内心平静，我们需要让日常任务和核心价值观一致。第二部分，我们了解到不仅行为必须和需求一致而且我们信念窗口的信念必须和现实一致。如果信念不植根于现实，我们相应的行为会带来沮丧和其他除了内心平静之外的任何东西。当我们的信念同真理和法则一致，我们就会真正体验内心平静。

如果我们想体验最有成就感的内心平静，相信还有另一个要素需要跟我们谈论的保持一致。我们讨论的一切——核心价值观、日常任务、基于自然法则的信念、行为必须跟我们的道德真理一致。我的意思是无论你设定了什么道德信念，关于生活最深的内心信念是有意义的。我刻意为你留了一个对道德真理更精确的描述，我不必谈论有组织的宗教信仰。即使多数热心的无神论者仍然坚持一些关于我们是谁和我们怎样相处的内心信念。对你来说无论是什么信念，如果你发现最深最满意的内心平静形式，我们所讨论的一切就都是一致的。

当我几年前在亚特兰大给一群浸礼教徒讲时间管理时，我突然深深地意识到我的信念。我在给他们讲解生产力金字塔的时候，我们达到了那个境界。我们发现了核心价值观、长期和中级目标，我们谈论他们基于每日任务能做的一些关于核心价值观的事。

在休息时，一位学员找到我说："海勒姆，你教的东西刚好来自圣经。"当他说的时候，我想我可能伤害到了他。我问，"你是什么意思呢？"他说，"我很认同这个概念，这种价值导向目标的观念可以追溯到很早以前，听起来好像出自圣经。"

发现他没有受到伤害，我问，"你想听我的个人信仰吗？"

他说，"好的，我愿意。"

"我们在课上讲了要想实现内心平静必须把两种要素结合起来。一个要素是弄清核心价值观，对我们真正重要的。另一个是与核心价值观一致，如果你愿意控制我们生活中的事件，那么进行事件控制。当这两者一致时，我们体验到了内心平静。"接着我说，"在我看来，真的有另一个要素同我们的最终内心平静一致。"

他问，"真的，是什么？"

我回答，"绝对的道德真理。当我们让自己的价值观和道德真理一致后，然后再让我们的行为一致，我们将会体验到那种最大的内心平静。"

他非常认同这个观念，接着我的话说，"你必须和我们分享。"我有点犹豫，不过他让我确定特定的人群会感激这个概念提供的新视角。我的确和他们分享了我的感受和有关于我们生活中最要事的精彩讨论。

极少数人看似能发现这种极大的内心平静。我们可能知道一两个这样的人，他们都是这个时代最受尊敬和最荣耀的人。除了修女特蕾莎，你可能认识或者知道许多看似经历内心平静的普通人。这些人不一定是名人；通常他们被我们认为是好人或者内心充满善意之光的人。我的个人经历告诉我，某种程度上，我们所有人都有由核心价值观、信念窗口上的信念、日常行为及对道德真理的理解产生的某种内心平静。我鼓励你去探求弄清适用于我们的基本道德真理。那些法则的根源不重要。重要的是你经历它们，发现那些正确的自然法则，靠它们而活，见证他们发挥效用。在这样做的过程中，我相信你会更接近内心平静。

另一条建议是对你的个人要求：每一天结束或者第二天开始时，花些时间来测量结果。我的行为和核心价值观一致吗？我今天所做的真的对我很重要吗？每一天都这样做。通过我们所谈论的自然法则和概念来控制你的生活。看看放在你信念窗口的信念，去除不起作用的，弄清更多正确的。让它们成为你的核心价值观，深深地烙在你的信念窗口上。尽你的努力寻找构成内心罗盘的道德真理。

然后做一些相关的事情，设定更有意义和价值的目标。通过你的日常行动进一步强化它们。当你做到这些事情时，你将有权利享受，并将会完全控制你自己的生活，你自己的命运，没有人能夺走你的内心平静。